# PREFACIO

Desde hace miles de años, los océanos han sido el hogar de animales fascinantes y misteriosos. Estos seres, con sus adaptaciones únicas y sorprendentes, han evolucionado en un entorno lleno de desafíos, donde la vida prospera en una diversidad asombrosa. Las profundidades marinas guardan secretos y maravillas que apenas comenzamos a comprender.

Este libro es una invitación a explorar ese mundo submarino y conocer a sus habitantes más extraordinarios. Descubriremos hermosos arrecifes de coral, oscuras fosas abisales y los vastos océanos que conectan nuestro planeta.

Nos embarcaremos en una aventura apasionante para entender cómo estos animales se adaptan a entornos extremos y qué papeles juegan en sus ecosistemas. Si tienes curiosidad por los misterios del océano y deseas conocer a los increíbles habitantes de las profundidades, este libro te llevará a un viaje inolvidable. Bienvenido al magnífico libro de los animales marinos.

Dirección editorial: Isabel Ortiz
Textos: Manuela Román
Ilustraciones: Pippa Boom
Corrección: Lourdes Jiménez
Diseño y maquetación: Magela Ronda
Preimpresión: Natalia Rodríguez

© SUSAETA EDICIONES S.A.
C/ Campezo, 13 - 28022 Madrid
Tel.: 91 3009100
general@susaeta.com
www.susaeta.com

# EL MAGNÍFICO *Libro* DE LOS

# ANIMALES MARINOS

TEXTOS: MANUELA ROMÁN
ILUSTRACIONES: PIPPA BOOM

susaeta

# ÍNDICE

# Un planeta azul

Si observamos la Tierra desde el espacio veremos un *planeta azul*. Este color azul se debe a los *océanos*, que cubren más de dos tercios de la superficie terrestre. Estas inmensas masas de agua no solo son el hogar de una increíble cantidad de animales y plantas, sino que también ayudan a controlar el *clima del planeta* y son esenciales para la vida de todos los seres vivos.

### 🐙 El pulmón del océano

El *fitoplancton*, pequeños organismos que viven en el mar, absorben dióxido de carbono y liberan oxígeno, contribuyendo a más de la mitad del oxígeno que respiramos.

### 🐙 Un mundo oculto

Bajo la superficie de mares y océanos hay un mundo lleno de vida. Desde pequeños microorganismos hasta grandes ballenas, la diversidad de la *vida marina* es vital para el equilibrio ecológico del planeta.

# Los cinco océanos de la Tierra

Los océanos de la Tierra —Pacífico, Atlántico, Índico, Antártico y Ártico— rodean los continentes y son esenciales para regular el clima global. Cada uno tiene características únicas y desempeña un papel importante en nuestro planeta.

### Océano Pacífico.

Es el océano más grande y profundo. Cubre más de 168 millones de km². Se extiende desde América del Norte y del Sur hasta Asia y Australia y alberga la fosa de las Marianas, el punto más profundo de la Tierra. Ocupa el 33 % de la superficie del planeta.

### Océano Atlántico

El segundo mayor océano tiene una superficie de unos 85 millones de km². Conecta América, Europa y África, y es conocido por la corriente del Golfo, que influye en el clima de muchas regiones. Ocupa el 17 % de la superficie de la Tierra.

### Océano Índico

El tercero en tamaño cubre unos 70 millones de km². Rodea las costas de África oriental, Oriente Medio, el sur de Asia y Australia occidental. Es famoso por sus cálidas aguas y rica biodiversidad. Ocupa el 14 % de la superficie de nuestro planeta.

### Océano Antártico

También conocido como océano Austral, rodea el continente antártico y cubre unos 20 millones de km². Es crucial para la regulación del clima global y alberga una rica vida marina adaptada al frío extremo. Ocupa el 4 % de la superficie de la Tierra.

### Océano Ártico

Es el más pequeño y menos profundo. Cubre alrededor de 14 millones de km². Se encuentra en el extremo norte de la Tierra y está cubierto en gran parte por hielo marino. Ocupa el 2,8 % de la superficie del planeta.

Los océanos son imprescindibles para *el equilibrio del planeta*. Absorben dióxido de carbono y ayudan a regular el clima, además de participar en los ciclos del carbono y del oxígeno.

Nuestros mares enfrentan problemas graves como *la contaminación, la acidificación y el calentamiento global*. Para preservarlos se están creando zonas marinas protegidas y se intenta reducir la contaminación por plásticos.

Es crucial asegurar que el mar siga siendo un hogar saludable para todas las formas de vida del planeta.

# Mares y océanos

Los océanos y mares son componentes fundamentales de nuestro planeta, ya que cubren más del 70 % de su superficie. Contienen aproximadamente el 97 % del agua de la Tierra y son el hogar de una increíble diversidad de vida marina. Entender la diferencia entre *mares y océanos*, así como su distribución y características, nos ayuda a apreciar mejor su importancia y los desafíos que enfrentan, como el cambio climático y la contaminación.

## Importancia ecológica

Los océanos albergan una biodiversidad inmensa, con millones de especies que van desde el fitoplancton hasta los mamíferos marinos. Los mares también son ricos en vida marina, especialmente en áreas donde hay arrecifes de coral y estuarios.

## Origen de los océanos

Los océanos se formaron hace millones de años cuando el vapor de agua en la atmósfera de la Tierra se condensó y cayó como lluvia, llenando grandes cuencas. El movimiento de las placas tectónicas ha sido muy importante para dar forma a los océanos que conocemos hoy.

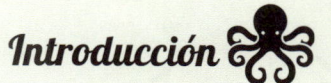

### ¿Qué es un mar?

Un mar es una gran masa de agua salada que está parcialmente rodeada de tierra y conectada a un océano. Generalmente es más pequeño que el océano. Los mares están rodeados por continentes o islas y tienen diferentes características físicas, químicas y biológicas. En el mundo hay alrededor de 50 mares reconocidos, distribuidos en los distintos océanos.

### ¿Qué es un océano?

Un océano es una enorme extensión de agua salada que cubre gran parte de la Tierra. Hay cinco océanos: el Pacífico, el Atlántico, el Índico, el Ártico y el Antártico. Los océanos son muy importantes porque ayudan a regular el clima, producen oxígeno y sostienen una gran variedad de vida marina.

### Diferencias entre mares y océanos:

• Los océanos son mucho mayores y más profundos que los mares. Por ejemplo, el océano Pacífico tiene una profundidad media de 4.280 metros, mientras que los mares suelen ser más pequeños y menos profundos.

• Los mares están más cerca de los continentes y a menudo están rodeados por tierra en tres lados, mientras que los océanos son grandes extensiones abiertas de agua.

### Mares Interiores

Algunos mares no están conectados directamente a los océanos y se llaman mares interiores. Un ejemplo es el mar Caspio, que es el mayor cuerpo de agua interior del mundo y en realidad es un lago salado. Otro ejemplo es el mar Muerto, conocido por su alta salinidad, que permite a las personas flotar fácilmente.

# El océano Pacífico: el gigante azul

El *océano Pacífico* es el más grande y profundo. Cubre más de un tercio de la superficie terrestre y contiene alrededor de 25.000 islas, más que los demás océanos juntos. En sus aguas se encuentra el cinturón de fuego del Pacífico, una zona con intensa actividad volcánica y sísmica. Con su variedad de ecosistemas, desde arrecifes de coral hasta fosas abisales, el Pacífico es una fuente inagotable de maravillas naturales.

 *Riqueza del Pacífico*

El Pacífico es el hogar de una increíble variedad de *vida marina*, desde pequeños organismos como el plancton hasta grandes mamíferos marinos como las ballenas jorobadas y los tiburones ballena. Esta biodiversidad es vital para los ecosistemas marinos y para las comunidades humanas que dependen de ellos.

El océano Pacífico es una fuente importante de *recursos naturales*, incluyendo peces, crustáceos, minerales y fuentes de energía. La pesca es una actividad crucial en la región.

El *océano Pacífico* es el más grande y profundo de los océanos. Cubre aproximadamente 168 millones de km². Su punto más profundo, la *fosa de las Marianas*, alcanza cerca de 11.034 metros, siendo el lugar más profundo de la Tierra.

###  Influencia climática del Pacífico

Este océano juega un papel clave en la regulación del clima global. Fenómenos climáticos como *el Niño y La Niña*, que se originan en este océano, afectan el clima en todo el planeta. El Niño calienta las aguas del Pacífico y puede causar sequías e inundaciones en diferentes partes del mundo. La Niña enfría las aguas y tiene efectos opuestos, llevando lluvias y temperaturas más frías a varias regiones.

### Grandes tesoros

Las *islas del Pacífico*, como Hawái o Galápagos, tienen una rica historia cultural y son conocidas por su belleza natural. Estas islas también son importantes centros de investigación científica, especialmente en estudios de evolución y biología marina.

## ¿DÓNDE ESTÁ?

# La Gran Barrera de Coral: un mundo bajo el agua

La Gran Barrera de Coral, en la costa noreste de Australia, es el mayor arrecife de coral del mundo con más de *2.300 km de largo*. Este ecosistema alberga una biodiversidad increíble, vital para la vida marina y de *gran importancia ecológica*. Hogar de miles de especies, incluyendo corales, peces, moluscos, esponjas, aves y mamíferos marinos, es uno de los ecosistemas más ricos y complejos del planeta.

### 🐠 *Tortuga verde* (Chelonia mydas)

Es un animal muy común en la Gran Barrera de Coral. Se alimenta de algas marinas y realiza largas migraciones, recorriendo hasta 3.000 km para poner sus huevos en playas como Raine Island en Australia, la isla Ascensión en el Atlántico Sur y playas de Costa Rica como Tortuguero.

### 🐠 *Caballito de mar* (Hippocampus)

Los caballitos de mar son famosos por su forma única y su comportamiento reproductivo, donde los machos incuban los huevos. Son indicadores importantes de la salud del ecosistema del arrecife.

### 🐠 *Pez cirujano* (Paracanthurus hepatus)

Conocido por su color azul brillante, el pez cirujano (popularizado por Dory, la desmemoriada pececita de *Buscando a Nemo*) habita en las aguas cálidas y poco profundas del arrecife, contribuyendo a la biodiversidad del ecosistema.

**Pez ballesta** (Balistoides conspicillum)

Estos peces, conocidos por su fuerte mordida y colores vibrantes, son comunes en el arrecife. Se alimentan de moluscos y crustáceos, ayudando a controlar sus poblaciones.

**Tiburón de arrecife de punta blanca** (Triaenodon obesus)

Conocido por su distintiva punta blanca en la aleta dorsal, es un depredador nocturno que se encuentra en las aguas poco profundas de los arrecifes. Es crucial para mantener el equilibrio de las poblaciones de peces.

**Mantarraya** (Manta alfredi)

Las mantarrayas son visitantes frecuentes del arrecife, especialmente en busca de alimento. Estos majestuosos animales pueden tener una envergadura de hasta siete metros y se alimentan principalmente de plancton.

**Gusano de fuego** (Hermodice carunculata)

Con sus colores brillantes y cerdas urticantes, el gusano de fuego es un habitante común del arrecife. Aunque su picadura puede ser dolorosa, juega un papel importante en la limpieza de restos orgánicos.

# Islas Galápagos: un laboratorio natural

Las islas Galápagos son un archipiélago volcánico con 13 islas principales, 6 más pequeñas y 107 islotes y rocas. Este grupo de islas pertenece a Ecuador y está a unos mil kilómetros de la costa sudamericana. Las Galápagos son famosas por su *increíble biodiversidad* y por inspirar *la teoría de la evolución* de Charles Darwin. Cada isla tiene su propia geografía y vida silvestre, lo que las convierte en un lugar fascinante.

•ᘑᘚ *Tortuga gigante de Galápagos*
(Chelonoidis nigra)
Estas tortugas pueden vivir más de cien años y pesar hasta 417 kg. Son emblemáticas de las Galápagos y juegan un papel crucial en la dispersión de semillas en las islas.

•ᘑᘚ *Pingüino de las Galápagos*
(Spheniscus mendiculus)
El único pingüino que vive en el hemisferio norte y en climas cálidos. Es pequeño y se encuentra principalmente en las islas Isabela y Fernandina.

### Delfines (Delphinidae)

Varias especies de delfines, como el delfín nariz de botella, son comunes en las aguas de las Galápagos, donde a menudo nadan junto a los barcos.

### León marino de Galápagos (Zalophus wollebaeki)

Los leones marinos son famosos por su comportamiento juguetón y acrobacias acuáticas. Estos mamíferos marinos son muy sociables y a menudo se agrupan en grandes colonias. Además de su habilidad para nadar rápidamente y realizar saltos fuera del agua, son conocidos por sus vocalizaciones, que incluyen ladridos y gruñidos, que usan para comunicarse entre ellos.

### Tiburón martillo (Sphyrna spp.)

Estos tiburones se encuentran alrededor de las islas Darwin y Wolf, famosas por sus grandes grupos de tiburones martillo que nadan juntos, conocidos como «escuelas». Además de los tiburones martillo, es común ver tiburones de las Galápagos, tiburones sedosos y otros grandes peces.

### Iguana marina (Amblyrhynchus cristatus)

Única entre las iguanas, esta especie se ha adaptado a la vida en el mar. Se alimenta de algas y puede sumergirse hasta 10 metros de profundidad.

# La fosa de las Marianas: el abismo del océano

La fosa de las Marianas es *la más profunda del planeta*, con una profundidad máxima de casi 11 km en el *Challenger Deep*, su punto más hondo. Alberga **animales fascinantes** adaptados a condiciones de alta presión, frío intenso y oscuridad total. Es tan profunda, que incluso supera en profundidad la altura del Monte Everest.

### ●✿● Pez caracol de las Marianas
(Hirondellea gigas)

Es un pequeño pez translúcido que vive a profundidades de hasta 8.000 metros. Fue descubierto en 2014 y está adaptado a la alta presión y la oscuridad. Su hallazgo ha sido clave para entender la vida en las partes más profundas del océano.

### ●✿● Peces dragón (Stomiidae)

Estos peces tienen un cuerpo largo y delgado, con dientes afilados y órganos bioluminiscentes que usan para atraer a sus presas en la oscuridad de las profundidades oceánicas. Su bioluminiscencia no solo les ayuda a cazar, sino también a comunicarse y camuflarse en su entorno.

### ●✿● Holoturias de profundidad
(Enypniastes spp.)

Conocidas como «monstruos sin cabeza», estos organismos luminosos viven en las profundidades del mar. Tienen una defensa peculiar: expulsan sus órganos internos para escapar de los depredadores y luego los regeneran.

### ●✿● Xenofióforos

Estos protozoos gigantes son algunos de los organismos unicelulares más grandes del mundo. Viven en el fondo de la fosa y se alimentan filtrando partículas del sedimento.

### •⁍• *Pez de los abismos*
(Melanocetus johnsonii)

Este pez de las profundidades marinas usa un señuelo luminoso en su cabeza para atraer presas. Tiene una enorme boca y dientes afilados para cazar en la oscuridad.

### •⁍• *Calamar vampiro*
(Vampyroteuthis infernalis)

A pesar de su nombre, este calamar no es un depredador. Se alimenta de materia orgánica flotante. Es conocido por sus grandes ojos y órganos bioluminiscentes, que usa para distraer a los depredadores y camuflarse en la oscuridad. Vive a profundidades de hasta 3.000 metros.

### •⁍• *Anfípodos* (Hirondellea gigas)

Estos pequeños crustáceos se alimentan de madera caída y otros restos en el fondo del mar. Pueden pasar largos periodos sin comer y producen enzimas que podrían usarse en la industria para la descomposición de materiales y el tratamiento de residuos.

### •⁍• *Tiburón anguila*
(Chlamydoselachus anguineus)

Este tiburón primitivo tiene un cuerpo largo parecido a una anguila. Vive en aguas profundas y es conocido por su aspecto prehistórico. Su mandíbula puede extenderse hacia adelante para atrapar presas y se alimenta sobre todo de calamares y peces.

# La ballena jorobada: el gigante de los mares

La ballena jorobada (*Megaptera novaeangliae*) es conocida por sus *acrobacias*, largas *migraciones* y complejas *canciones*. Estos cetáceos recorren miles de kilómetros cada año entre sus zonas de alimentación en aguas polares y sus áreas de reproducción en aguas tropicales. Con su tamaño imponente y comportamiento fascinante, capturan la atención y el corazón de quienes las observan.

### ●🐠● *Red de burbujas*

Las ballenas jorobadas usan una técnica de alimentación única llamada «*red de burbujas*». Un grupo de ballenas nada en círculo mientras sueltan burbujas, creando una trampa que reúne a los peces. Luego, nadan hacia el centro y se alimentan con facilidad.

### ●🐠● *Comportamiento en la superficie*

Las ballenas jorobadas son súper activas en la superficie del agua. Son famosas por sus *espectaculares saltos y los golpeteos* con las aletas y la cola. Este comportamiento puede ser una forma de comunicarse, quitarse los parásitos o simplemente jugar.

Puede medir entre *12 y 16 metros de largo* y pesar alrededor de *36 toneladas*. Tiene las aletas pectorales más largas de cualquier cetáceo, que pueden alcanzar hasta un tercio de la longitud de su cuerpo. Su nombre científico, «*Megaptera*», significa «gran ala», debido a estas grandes aletas.

### 🐾 Canciones de cortejo

Los machos de la ballena jorobada son conocidos por sus *complejas y largas canciones*, que pueden durar entre 10 y 20 minutos, y repetirse durante horas. Estas canciones son importantes para el cortejo y la comunicación entre las ballenas.

🐾 Son conocidas por sus *largas migraciones*, llegando a recorrer hasta 16.000 km al año. Pasan el verano alimentándose en aguas polares y migran a zonas tropicales o subtropicales en invierno para reproducirse y dar a luz.

Aunque las *ballenas jorobadas* están recuperándose después de haberse prohibido la caza comercial, todavía enfrentan grandes amenazas como la contaminación, los choques con barcos y el enredarse en redes de pesca. Es muy importante seguir cuidándolas para asegurar su supervivencia a largo plazo.

# El tiburón blanco: el depredador marino

El tiburón blanco *(Carcharodon carcharias)* es uno de los *depredadores más grandes y formidables* del océano, famoso por su impresionante tamaño y sus habilidades de caza. Habita en casi todos los océanos del mundo, sobre todo en aguas costeras frías y templadas. Con sus *sentidos agudos y una estructura corporal* perfecta para la velocidad y el sigilo, el tiburón blanco es un maestro del mar.

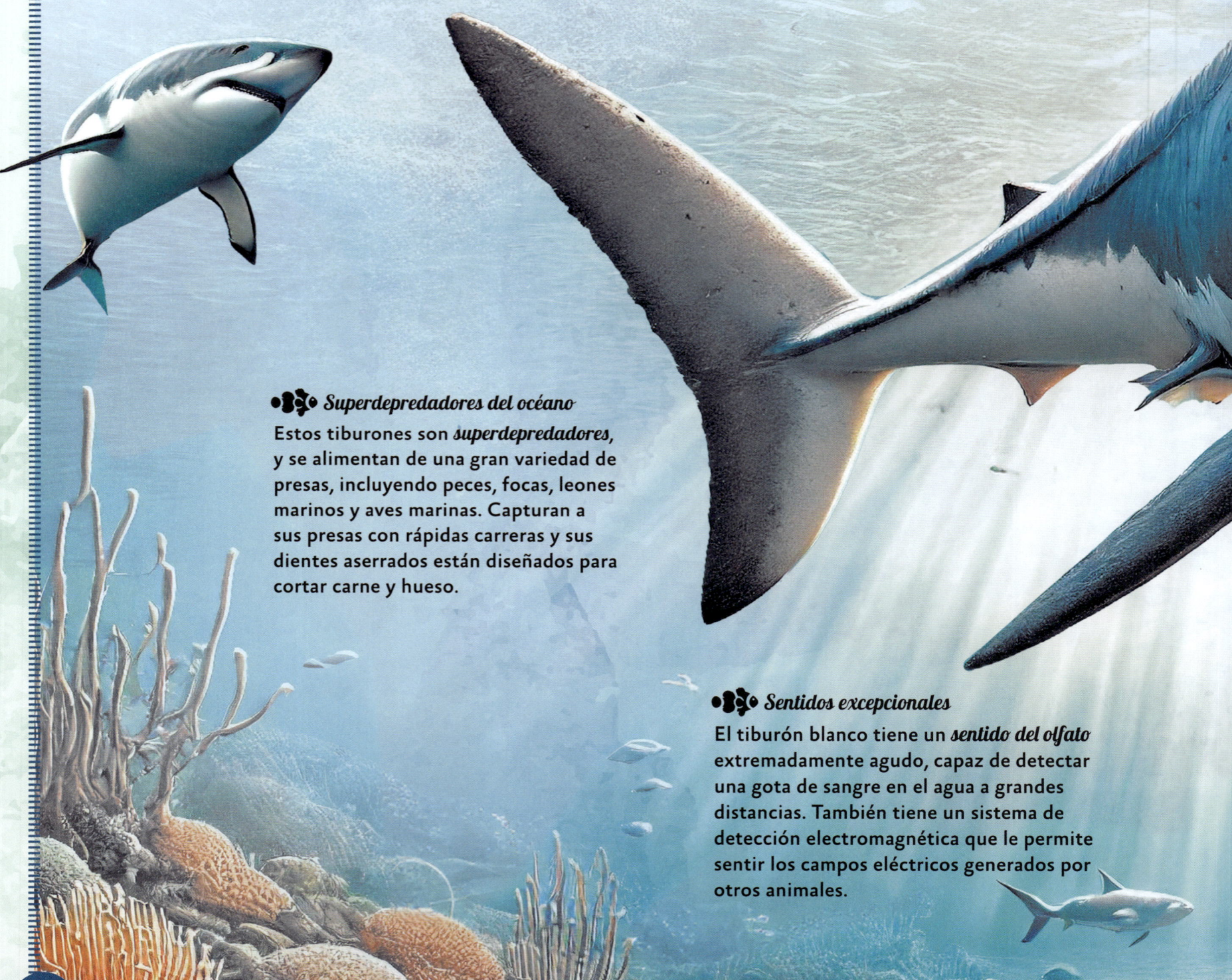

### Superdepredadores del océano

Estos tiburones son *superdepredadores*, y se alimentan de una gran variedad de presas, incluyendo peces, focas, leones marinos y aves marinas. Capturan a sus presas con rápidas carreras y sus dientes aserrados están diseñados para cortar carne y hueso.

### Sentidos excepcionales

El tiburón blanco tiene un *sentido del olfato* extremadamente agudo, capaz de detectar una gota de sangre en el agua a grandes distancias. También tiene un sistema de detección electromagnética que le permite sentir los campos eléctricos generados por otros animales.

###  Crías listas para sobrevivir

Tras casi un año de gestación, las hembras dan a luz a entre *2 y 10 crías* que nacen completamente formadas y listas para valerse por sí mismas.

Pueden alcanzar hasta *6 m de longitud y pesar más de 2,000 kilos.* Su cuerpo en forma de torpedo les permite nadar a velocidades de hasta 24 km/h.

Los tiburones blancos están catalogados como *vulnerables a la extinción.* Las principales amenazas son la pesca accidental, la caza deliberada y la pérdida de su hábitat.

Los tiburones blancos migran largas distancias entre sus *zonas de alimentación y reproducción.* Se alimentan en costas ricas en nutrientes como California, Sudáfrica y Australia, cazando peces y mamíferos marinos. En invierno, se dirigen a aguas cálidas para reproducirse. Estas migraciones de miles de kilómetros muestran su capacidad de navegación. Algunos incluso viajan de Sudáfrica a Australia, por lo que es muy importante proteger sus rutas migratorias.

# Pulpo de anillos azules: pequeño pero letal

El pulpo de anillos azules (*Hapalochlaena maculosa* y otras especies del género *Hapalochlaena*) es uno de los animales *más venenosos del mundo*. A pesar de su pequeño tamaño, su veneno puede ser mortal para los humanos. Este cefalópodo, con sus brillantes anillos azules, habita en las aguas costeras del Pacífico y el Índico.

### Hábitat costero

Vive en aguas poco profundas, como pozas intermareales (áreas donde se retira el mar durante la marea baja) y arrecifes de coral del *océano Pacífico y el Índico*. Se encuentra en las costas de Australia, Indonesia, Filipinas y otras áreas del sudeste asiático.

### Señal de advertencia

Mide entre 12 y 20 cm y pesa de 10 a 100 g Su piel, normalmente de color marrón o amarilla, muestra *anillos azules brillantes* cuando se siente amenazado. Estos anillos actúan como una advertencia para los depredadores.

### Veneno letal

El veneno del pulpo de anillos azules contiene tetrodotoxina, una neurotoxina potente también encontrada en el pez globo. *Este veneno puede causar parálisis y, en casos graves, la muerte.* A pesar de su veneno letal, estos pulpos no son agresivos y solo muerden en defensa propia.

El pulpo de anillos azules es un maestro del *camuflaje*: cambia el color y la textura de su piel para mezclarse con su entorno. También muestra comportamientos complejos, como esconderse de los depredadores en pequeñas grietas y amontonar rocas en la entrada de su guarida.

Se alimenta de pequeños crustáceos como cangrejos y gambas. Utiliza sus *tentáculos* para capturar a sus presas, inyectándoles veneno para inmovilizarlas antes de devorarlas.

### Ciclo de vida

Las hembras ponen entre *50 y 100 huevos*, y los incuban durante unos seis meses. Durante este periodo, no se alimentan y mueren poco después de que los huevos eclosionen. Las crías son independientes desde el nacimiento.

25

# El tiburón ballena: el gigante gentil

El tiburón ballena *(Rhincodon typus)* es el *pez más grande del mundo*, puede medir hasta 12 metros de largo y pesar alrededor de 20 toneladas. Estos gentiles gigantes son conocidos por su enorme tamaño y su método único de alimentación por filtración. Viven en aguas tropicales y cálidas de todo el mundo, y son *una maravilla de la naturaleza* por su apariencia y comportamiento.

Tiene *una cabeza aplanada y una boca enorme* que puede abrirse hasta 1,5 m de ancho. Su piel es gris con manchas y rayas blancas únicas, lo que ayuda a los zoólogos a identificar a cada individuo.

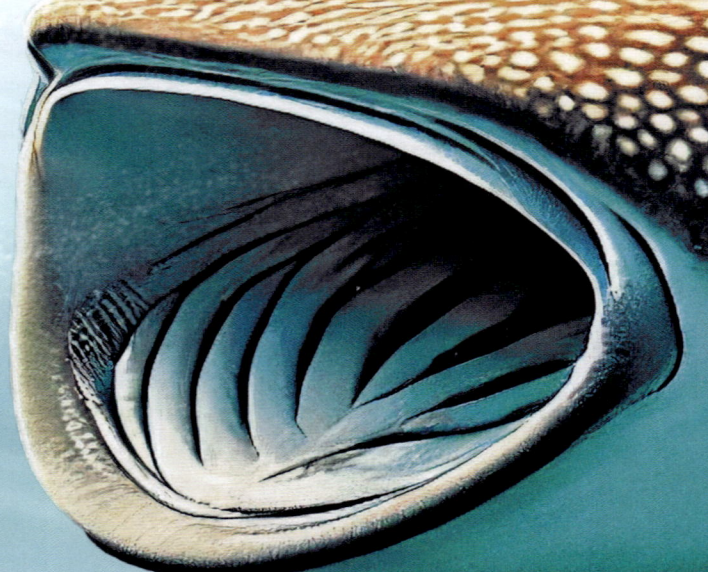

### ●❀❀ *Alimentación por filtración*

A pesar de su tamaño, el tiburón ballena *se alimenta principalmente de plancton, pequeños peces y crustáceos*. Abre su enorme boca y filtra grandes cantidades de agua a través de sus branquias, capturando el alimento. Puede filtrar más de 6.000 litros de agua por hora.

### ●❀❀ *Aguas tropicales*

Prefiere las aguas cálidas y tropicales. Se encuentra en todos *los océanos tropicales del mundo, desde el Caribe hasta el océano Índico y el Pacífico*. Suele vivir en aguas abiertas, aunque a veces se acerca a la costa durante las temporadas de alimentación.

●🐟● *Esfuerzos de conservación*

Es un animal *en peligro de extinción*.
Sus principales amenazas son la pesca ilegal,
quedar atrapado en las redes de pesca y
los choques con barcos. La contaminación y la
destrucción de su hábitat también afectan a sus
poblaciones. Se han creado áreas protegidas
y programas de investigación para ayudar a
conservar esta especie.

●🐟● *Viajeros solitarios*

Los tiburones ballena *nadan despacio*, a
unos 5 km/h. Viajan largas distancias para
buscar comida y lugares donde reproducirse,
recorriendo miles de kilómetros. Aunque suelen
ser solitarios, a veces se juntan en grandes
grupos en áreas donde hay mucha comida.

El tiburón ballena es *ovovivíparo*, lo que
significa que las hembras llevan los huevos
dentro de su cuerpo hasta que eclosionan. Dan
a luz a crías vivas que ya están completamente
formadas y miden entre 40 y 60 cm al nacer.
Pueden vivir entre 70 y 100 años.

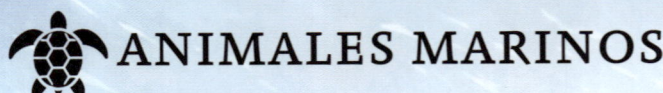 

# El océano Atlántico: un mundo de misterios

El *océano Atlántico* es el segundo más grande del mundo y ocupa alrededor del 17 % de la superficie terrestre. Conecta América, Europa y África, y es conocido por la corriente del Golfo, que regula el clima. Alberga importantes rutas comerciales y una rica biodiversidad. Con diversos hábitats, desde costas arenosas hasta profundidades abisales, el Atlántico es un océano lleno de vida y misterio.

El Atlántico alberga la *dorsal Mesoatlántica*, la cordillera submarina más larga del mundo, que se extiende unos 16.000 km desde el Ártico hasta el Atlántico Sur y separa las placas tectónicas americana y euroasiática.

### Refugio de especies en peligro

Este océano es hogar de una increíble *variedad de vida marina*, incluyendo especies en peligro de extinción como las tortugas marinas, manatíes y diversas especies de ballenas. Su biodiversidad va desde microscópico fitoplancton hasta grandes depredadores como el tiburón blanco.

### Rutas de los icebergs

El Atlántico es *un corredor para icebergs* que se desprenden del Ártico y representan un peligro para la navegación. Estos icebergs pueden viajar grandes distancias y alcanzar el Atlántico Norte. Algunos miden varios kilómetros de largo y su presencia se monitoriza para evitar accidentes con barcos.

## ¿DÓNDE ESTÁ?

Las corrientes del Atlántico, como la *corriente del Golfo*, afectan mucho el clima global. Llevan agua cálida desde el golfo de México hasta Europa Occidental, ayudando a moderar las temperaturas.

### Arteria del comercio global

El Atlántico es vital para el *comercio global*, con numerosas rutas marítimas cruciales. Además, sus aguas proporcionan recursos importantes como petróleo, gas natural y minerales, aunque su explotación plantea desafíos ambientales significativos.

El *océano Atlántico* cubre alrededor de 85 millones de km² y tiene una profundidad media de 3.646 m. Su punto más profundo es la *fosa de Puerto Rico*, que alcanza los 8.486 m.

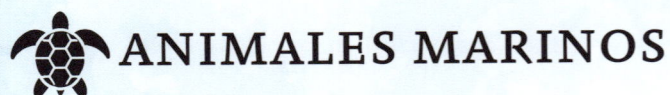 

# El mar de los Sargazos: un mar sin orillas

El **mar de los Sargazos**, en el Atlántico Norte, es único porque **no tiene costas** y está delimitado solo por corrientes oceánicas. Este mar tranquilo está lleno de algas flotantes llamadas sargazo, que crean un ecosistema especial y vital para muchas especies marinas.

### 🐢 *Algas sargazo* (Sargassum spp.)
El sargazo es un tipo de alga marrón que flota en grandes masas en la superficie del océano. Estas algas no solo se mueven libremente por el mar, sino que también se reproducen a partir de partes de sí mismas, creando un hábitat importante para muchas especies marinas.

### 🐢 *Pez vela del atlántico* (Istiophorus albicans)
El pez vela del Atlántico, conocido por su velocidad y su distintiva aleta dorsal, pasa parte de su ciclo de vida en el mar de los Sargazos, donde se alimenta de los peces y crustáceos que viven en las algas.

### 🐢 *Anguila europea* (Anguilla anguilla)
El mar de los Sargazos es el lugar de desove para la anguila europea. Estas anguilas viajan miles de kilómetros desde los ríos europeos hasta los Sargazos para reproducirse, y sus larvas luego hacen el viaje de regreso a Europa.

El *mar de los Sargazos* está delimitado por corrientes oceánicas: la corriente del Golfo al oeste, la corriente del Atlántico Norte al norte, la corriente de Canarias al este y la corriente Ecuatorial del Norte al sur. Estas corrientes crean un giro oceánico que mantiene las algas concentradas en esta área.

### Caballito de mar sargazo
(Hippocampus reidi)

Este pequeño caballito de mar vive entre las algas de sargazo, utilizando su cola prensil para agarrarse a ellas y evitar ser arrastrado por las corrientes. Su coloración marrón y amarilla le permite camuflarse perfectamente.

### Tortuga boba (Caretta caretta)

Las crías de tortuga boba utilizan las masas de sargazo como refugio y fuente de alimento durante sus primeros años de vida. Este hábitat flotante les proporciona protección contra depredadores y un entorno rico en nutrientes.

# La dorsal mesoatlántica: la cordillera del Atlántico

La dorsal mesoatlántica (MAR) es *una cordillera submarina* que se extiende desde el Ártico hasta el Atlántico Sur, separando las placas tectónicas de Eurasia y América del Norte en el norte, y de África y América del Sur en el sur. Con una longitud de 16.000 km, es la *característica geológica* más destacada del fondo del océano Atlántico y una de las mayores formaciones montañosas del planeta.

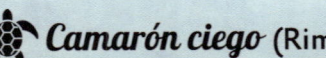 **Camarón ciego** (Rimicaris exoculata)
Este camarón es abundante en las fumarolas hidrotermales de la dorsal y es esencial para la cadena alimentaria local. Se alimenta de bacterias quimiosintéticas que habitan en las fumarolas.

En el centro de la dorsal hay un profundo valle de rift, que es una *gran grieta* donde las placas tectónicas se están separando. Este valle puede tener hasta 75 km de ancho y contiene volcanes activos que expulsan lava basáltica, creando nuevas estructuras geológicas.

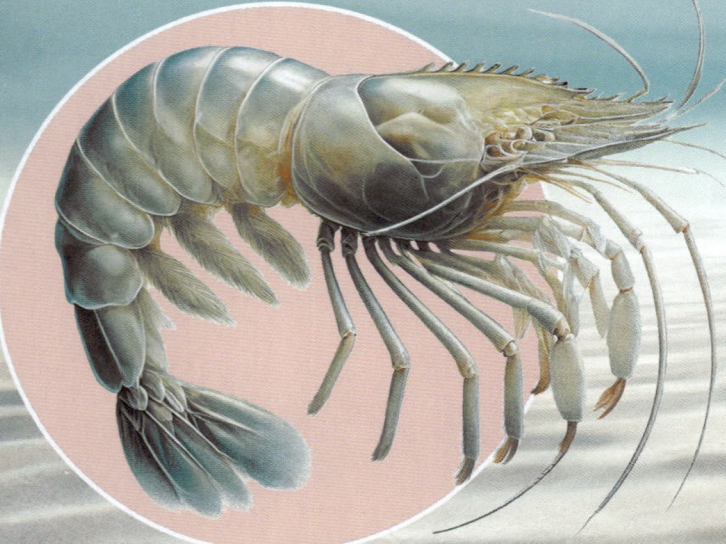

**Mixino** (Myxine glutinosa)
También conocido como pez bruja, es uno de los vertebrados más primitivos. Tiene un cuerpo alargado y produce grandes cantidades de mucosidad como defensa. Se alimenta de restos de animales muertos y, ocasionalmente, de peces vivos. Adaptado a ambientes oscuros y de alta presión, es esencial en el ecosistema abisal.

🐢 La **dorsal Mesoatlántica** se formó cuando las placas tectónicas se separaron, creando una zona donde el suelo marino se expande. A medida que las placas se alejan, el magma sube y forma nueva corteza oceánica. Este proceso, llamado *«expansión del suelo marino»*, ocurre a una velocidad de unos 2,5 cm por año.

🐢 *Diablo negro* (Melanocetus johnsonii)
Este pez abisal es conocido por su aspecto aterrador y la bioluminiscencia que usa para atraer presas. La hembra tiene una antena luminosa en la cabeza, mientras que el macho es más pequeño y carece de esta luz. Habita en las profundidades del océano, adaptado a la oscuridad y alta presión, y se alimenta de peces y otros organismos atraídos por su señuelo.

# La fosa de Puerto Rico: el abismo del Atlántico

La fosa de Puerto Rico, la parte más profunda del océano Atlántico, alcanza una *profundidad máxima de aproximadamente 8.376 metros* en el *Milwaukee Deep*. Situada al norte de Puerto Rico, esta fosa se formó por la interacción de las placas tectónicas del Caribe y Norteamérica. Es un lugar geológicamente significativo y de gran interés para la investigación científica y la biodiversidad marina.

La *fosa de Puerto Rico* se formó cuando la placa tectónica de Norteamérica se deslizó por debajo de la placa del Caribe. Este movimiento creó una *depresión profunda* en el fondo del océano, que se extiende por unos 800 km.

### Alta sismicidad

La región es muy *sísmica* debido a la interacción de las placas tectónicas, con *terremotos frecuentes* que pueden superar la magnitud 6.0. Esta actividad sísmica puede causar tsunamis en el área.

### Pez baboso (Liparidae)

El pez baboso tiene un cuerpo gelatinoso que le permite sobrevivir bajo la inmensa presión del fondo oceánico. Vive a profundidades que pueden superar los 8.000 m. Su piel translúcida y blanda es una adaptación para soportar las condiciones extremas, y se alimenta de pequeños invertebrados que encuentra en el sedimento marino.

**Brótulas** (Bythitidae)
Viven en aguas extremadamente profundas y oscuras, donde cazan pequeños crustáceos y otros invertebrados. Con su cuerpo alargado, están adaptadas a la alta presión y pueden habitar a profundidades superiores a los 2.000 m.

La región es muy *sísmica* debido a la interacción de las placas tectónicas, con *terremotos frecuentes* que pueden superar la magnitud 6.0. Esta actividad sísmica puede causar tsunamis en el área.

**Lisianásidos** (Lysianassidae)
Estos pequeños crustáceos se encuentran en las profundidades más extremas de la fosa, adaptados a la alta presión y bajas temperaturas del entorno.

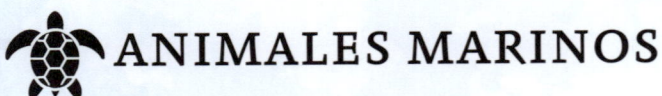 

# La tortuga laúd: un gigante del mar

La tortuga laúd (Dermochelys coriacea) es **la tortuga marina más grande** y uno de los **mayores reptiles**. Puede medir más de 2 metros y pesar hasta 900 kilogramos. A diferencia de otras tortugas, su caparazón no es duro; está cubierto por una piel gruesa y correosa con siete crestas longitudinales que le dan una apariencia única.

Se alimenta principalmente de **medusas y otros animales gelatinosos**. Tiene espinas en la garganta que apuntan hacia abajo, lo que le ayuda a tragar a sus presas sin que se escapen.

### 🐢 Anidación y supervivencia

Las hembras llegan a tierra varias veces durante la temporada de anidación para poner sus huevos en playas arenosas. Cada nidada puede tener hasta *100 huevos*. Cuando las crías eclosionan, deben encontrar su camino al mar sin ayuda de sus padres.

### Adaptaciones al frío

Las tortugas laúd tienen *adaptaciones especiales* que les permiten mantener su temperatura corporal en aguas frías. Esto incluye una gruesa capa de grasa, un gran tamaño corporal y un sistema de intercambio de calor en sus vasos sanguíneos.

### Velocidad en el agua

Son *nadadoras rápidas y eficientes*, capaces de alcanzar velocidades de hasta 35 km/h. Esta velocidad es muy útil durante sus largas migraciones y cuando huyen de sus depredadores.

Son expertas *buceadoras* y pueden alcanzar una profundidad de hasta 1.200 metros, así como permanecer bajo el agua durante más de una hora, lo que les permite buscar alimento en grandes áreas.

### Comportamiento solitario

Suelen ser *solitarias*, excepto durante la temporada de apareamiento. Aunque no se comunican con sonidos, pueden usar *señales visuales y comportamientos específicos* para interactuar entre ellas.

La tortuga laúd vive en *océanos tropicales y templados* de todo el mundo, desde Alaska hasta Nueva Zelanda. Puede encontrarse tanto en aguas costeras como en mar abierto. Es conocida por sus largas migraciones, ya que recorre más de 10.000 km entre sus áreas de alimentación y anidación, cruzando océanos enteros.

# El delfín mular: el emblema del océano

El delfín mular *(Tursiops truncatus)* es una de las especies de delfines más conocidas y estudiadas del mundo. Reconocidos por su *inteligencia y comportamiento social,* estos delfines habitan en mares tropicales y templados, donde forman grupos y exhiben una variedad de comportamientos fascinantes.

Puede alcanzar una longitud de entre *2,5 y 3 m* y pesar entre *135 y 300 kg.* Los machos suelen ser más grandes y pesados que las hembras, lo que les da una ventaja en el comportamiento competitivo y social.

### 🐢 *Nómadas del océano*

Se encuentran en *todos los océanos del mundo,* especialmente en aguas tropicales y templadas. Prefieren las aguas costeras, pero también pueden vivir en mar abierto. Su capacidad para adaptarse a diferentes hábitats los hace una especie muy versátil.

###  Vida en comunidad

Viven en grupos llamados *vainas*, que pueden variar en tamaño desde unos pocos individuos hasta más de cien. Son muy sociables y *se cuidan mutuamente*, ayudando a los miembros heridos o enfermos.

Son excelentes nadadores, capaces de alcanzar velocidades de hasta 30 km/h y realizar saltos impresionantes fuera del agua. Estas habilidades no solo les permiten escapar de los depredadores, sino también comunicarse y jugar.

 Se alimentan principalmente de peces y calamares. Usan *técnicas de caza cooperativa* para acorralar a sus presas, trabajando juntos para llevar los peces a la superficie y atraparlos más fácilmente.

Estos delfines son muy *inteligentes*, comparables a algunos primates. Usan *una serie de silbidos y chasquidos* para comunicarse, además de señales corporales. Cada delfín tiene un silbido único, como un nombre, que usan para identificarse y llamarse entre sí.

# El manatí del Caribe: el gigante gentil del mar

El manatí del Caribe o *manatí antillano* (Trichechus manatus) es un mamífero marino que habita en aguas costeras poco profundas, manglares, estuarios y ríos de agua dulce. Prefiere las aguas cálidas y se puede encontrar en regiones como el Caribe, el golfo de México y la costa atlántica de América Central y del Sur. Este animal es conocido por su naturaleza pacífica y su hábito de pastar en praderas submarinas, lo que le ha valido el apodo de «*vaca marina*».

### Maestros del buceo tranquilo

A pesar de ser mamíferos acuáticos, los manatíes necesitan *salir a la superficie para respirar*. Pueden aguantar la respiración durante unos 20 minutos mientras descansan, pero generalmente salen a respirar cada 3-5 minutos mientras están activos.

### Madres dedicadas

Las hembras, tras un periodo de gestación de unos 13 meses, dan a luz a *una sola cría cada 2 a 5 años*. Las crías permanecen con su madre durante uno o dos años, aprendiendo a alimentarse y a sobrevivir en su entorno.

Pueden crecer hasta 4 m de largo y pesar entre 400 y 600 kg. Tienen *un cuerpo redondeado con una piel gruesa y arrugada* de color gris-marrón, a menudo cubierta de algas y pequeños parásitos como los percebes.

Los manatíes suelen ser *solitarios*, pero a veces se ven en pequeños grupos, especialmente en áreas de alimentación o durante la temporada de apareamiento. Son muy tranquilos y pasan la mayor parte del tiempo *comiendo, descansando y nadando despacio*. Se comunican con sonidos como chirridos y silbidos, especialmente entre madres y crías. También usan el contacto físico para interactuar.

## Grandes comedores verdes

Los manatíes son *herbívoros* y consumen hasta 50 kg de plantas acuáticas al día, lo que representa el 10 % de su peso corporal.

Aunque generalmente se mueven lentamente, los manatíes pueden nadar *hasta a 25 km/h en ráfagas cortas*. Utilizan sus fuertes aletas caudales para impulsarse a través del agua

# El pulpo Dumbo: el encantador del abismo

El pulpo Dumbo (*Grimpoteuthis spp.*) es uno de los *seres más singulares y encantadores* de las profundidades marinas. Con sus aletas que parecen orejas y su forma de nadar elegante, sorprende y maravilla a quienes lo observan. Habita en las profundidades abisales del océano Atlántico, donde la presión es alta y la luz solar no llega.

### 🐢 *Vida desconocida*

Se cree que los pulpos Dumbo tienen una vida *relativamente corta*, aunque no se conoce bien su duración exacta debido a la dificultad de estudiarlos en su hábitat natural. Los zoólogos usan submarinos y robots para observar y recoger datos sobre estos animales.

### 🐢 *Maestro del camuflaje*

El pulpo Dumbo puede *cambiar de color* para camuflarse y evitar a los depredadores. Su coloración va desde rojo y naranja hasta púrpura y blanco. Se *alimenta de crustáceos, bivalvos y gusanos* que encuentra en el fondo del mar. Usa sus brazos y tentáculos para atrapar a sus presas y llevárselas a la boca.

### Nadador de las profundidades

El pulpo Dumbo se reconoce fácilmente por sus aletas, que se parecen a las orejas del personaje de Disney, Dumbo. Estas aletas le permiten *nadar de manera graciosa y eficiente* en las profundidades del océano. Tiene adaptaciones especiales para sobrevivir en su entorno extremo, como una *piel gelatinosa* que soporta la alta presión y la capacidad de cambiar de color para camuflarse en el fondo del océano.

### Un gran cazador

A pesar de vivir en las profundidades es un *cazador* activo. Se mueve y busca alimento en el fondo marino *caminando con sus brazos y nadando con sus aletas.*

Vive a *profundidades de 400 a 4.800 m*, en condiciones de alta presión y oscuridad total. Su tamaño varía según la especie, pero generalmente mide entre 20 y 30 cm de largo. Tiene un cuerpo gelatinoso y grandes aletas que usa para nadar.

# El océano Índico: el misterio del sur

El *océano Índico* es el tercero más grande y cubre alrededor del 14 % de la superficie terrestre. Rodea África oriental, Oriente Medio, el sur de Asia y Australia occidental. Conocido por sus cálidas aguas y rica biodiversidad, alberga importantes rutas comerciales y fenómenos como el monzón. Desde playas tropicales hasta profundidades abisales, el Índico es un océano lleno de maravillas naturales.

### Monzones del Índico

El océano Índico es conocido por su *clima monzónico*, con estaciones de lluvias y vientos estacionales que afectan la región. Estos monzones impactan en el clima y la agricultura de los países costeros. El océano Índico también tiene un fenómeno climático similar al El Niño del Pacífico, llamado *Dipolo del océano Índico*. Este fenómeno puede cambiar las precipitaciones y temperaturas en la región, afectando a la agricultura y la pesca.

El océano Índico es también *un área de actividad volcánica*, con varios volcanes submarinos que pueden crear nuevas islas y cambiar la topografía del fondo marino. La isla de Reunión es un ejemplo de una isla volcánica activa en esta región.

### Especies únicas

El océano Índico es hogar de *especies únicas* como el dugongo y el pez napoleón. Estas especies, muchas de las cuales están en peligro de extinción, subrayan la importancia de la conservación en esta región.

## ¿DÓNDE ESTÁ?

### Tesoros insulares

El océano Índico alberga numerosos archipiélagos e islas, como las Maldivas, Seychelles y Madagascar. Estas islas son conocidas por su belleza natural y su rica biodiversidad, incluyendo especies endémicas de flora y fauna.

### Riqueza biodiversa

La *biodiversidad* del océano Índico es impresionante, con arrecifes de coral, manglares y praderas marinas que sirven de hogar a miles de especies. Peces, tortugas marinas, delfines y tiburones son solo algunos de los habitantes de estas aguas.

El *océano Índico* abarca unos 70 millones de km², con una profundidad media de alrededor de 3.741 metros. Su punto más profundo es la *fosa de Java*, que alcanza una profundidad de aproximadamente 7.258 m.

# La fosa de Java: el abismo del Índico

La fosa de Java es la zona más profunda del océano Índico, con una profundidad máxima de 7.258 m y una extensión de unos 3.200 km a lo largo de la costa de Indonesia. Su formación, formada por el hundimiento de la *placa indoaustraliana bajo la euroasiática*, la convierte en un sitio de gran interés científico y geológico.

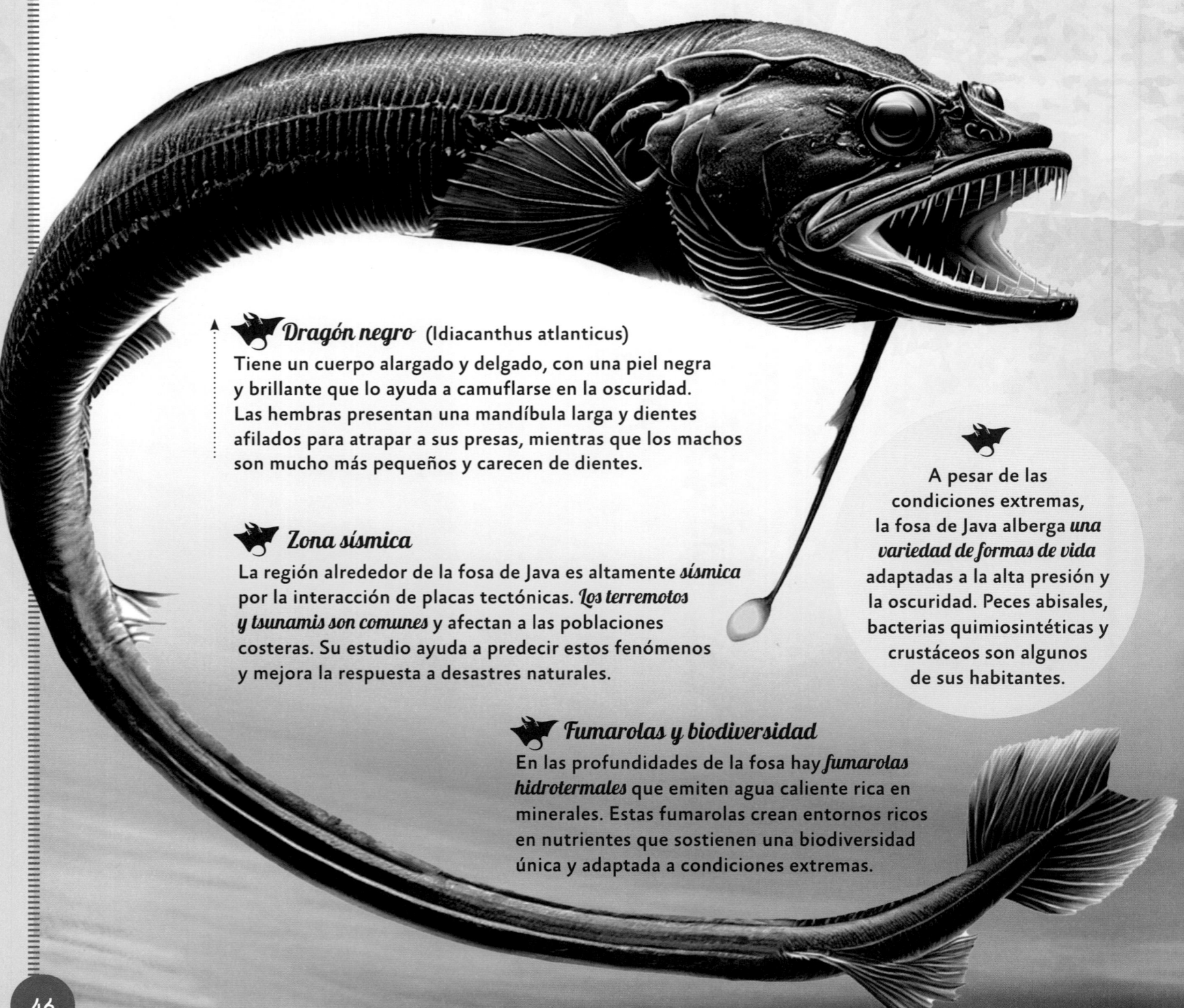

### *Dragón negro* (Idiacanthus atlanticus)

Tiene un cuerpo alargado y delgado, con una piel negra y brillante que lo ayuda a camuflarse en la oscuridad. Las hembras presentan una mandíbula larga y dientes afilados para atrapar a sus presas, mientras que los machos son mucho más pequeños y carecen de dientes.

### *Zona sísmica*

La región alrededor de la fosa de Java es altamente *sísmica* por la interacción de placas tectónicas. *Los terremotos y tsunamis son comunes* y afectan a las poblaciones costeras. Su estudio ayuda a predecir estos fenómenos y mejora la respuesta a desastres naturales.

A pesar de las condiciones extremas, la fosa de Java alberga *una variedad de formas de vida* adaptadas a la alta presión y la oscuridad. Peces abisales, bacterias quimiosintéticas y crustáceos son algunos de sus habitantes.

### *Fumarolas y biodiversidad*

En las profundidades de la fosa hay *fumarolas hidrotermales* que emiten agua caliente rica en minerales. Estas fumarolas crean entornos ricos en nutrientes que sostienen una biodiversidad única y adaptada a condiciones extremas.

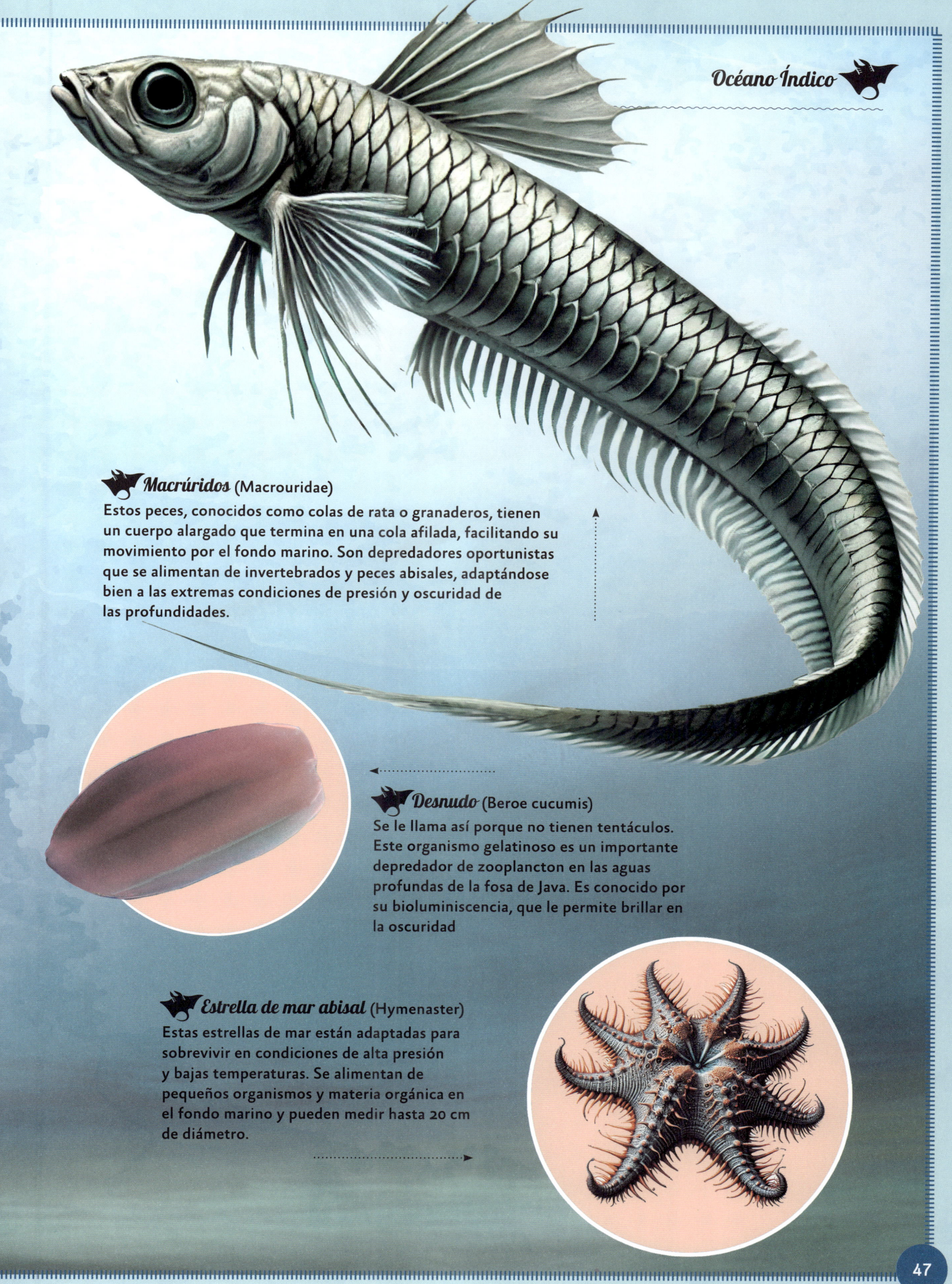

### Macrúridos (Macrouridae)

Estos peces, conocidos como colas de rata o granaderos, tienen un cuerpo alargado que termina en una cola afilada, facilitando su movimiento por el fondo marino. Son depredadores oportunistas que se alimentan de invertebrados y peces abisales, adaptándose bien a las extremas condiciones de presión y oscuridad de las profundidades.

### Desnudo (Beroe cucumis)

Se le llama así porque no tienen tentáculos. Este organismo gelatinoso es un importante depredador de zooplancton en las aguas profundas de la fosa de Java. Es conocido por su bioluminiscencia, que le permite brillar en la oscuridad

### Estrella de mar abisal (Hymenaster)

Estas estrellas de mar están adaptadas para sobrevivir en condiciones de alta presión y bajas temperaturas. Se alimentan de pequeños organismos y materia orgánica en el fondo marino y pueden medir hasta 20 cm de diámetro.

# Islas Maldivas: un paraíso marino

Las *islas Maldivas* son un archipiélago tropical situado en el océano Índico, conocido por sus hermosas playas de arena blanca, aguas cristalinas y vibrantes arrecifes de coral. Este paraíso marino se compone de 26 atolones formados por más de 1.000 islas de coral. Las Maldivas son cruciales para la biodiversidad marina.

### Caracol cono (Conus spp.)

Estos caracoles tienen una concha bellamente decorada y son conocidos por su potente veneno, que utilizan para capturar a sus presas.

### Atolones y biodiversidad marina

Los *atolones de las Maldivas* son anillos de coral que rodean lagunas poco profundas. Se formaron sobre antiguos volcanes sumergidos y albergan una gran biodiversidad. Las lagunas dentro de los atolones ofrecen un hábitat seguro para peces y otros organismos marinos.

Las aguas de las Maldivas albergan una rica biodiversidad, con más de *2.000 especies de peces, 200 de corales* y diversos tipos de vida marina, como tortugas, tiburones y rayas. Los arrecifes de coral son esenciales, ya que brindan hábitat y protección a numerosas especies.

### Almeja gigante (Tridacna gigas)

Es uno de los mayores moluscos. Su colorida concha es un espectáculo impresionante. Pueden llegar a medir más de un metro de largo y pesar hasta 200 kg.

**Mantarraya** (Manta birostris)
Es común en las aguas de las Maldivas. Puede tener una envergadura de hasta 7 m. A menudo acude a estaciones de limpieza de coral, donde unos peces pequeños eliminan los parásitos de su cuerpo.

**Anémonas y peces payaso** (Amphiprioninae)
Las anémonas y los peces payaso tienen una relación simbiótica: los peces payaso encuentran protección en las anémonas, mientras que estas se benefician de los nutrientes que aportan los peces.

# Barrera de coral de Chagos: un tesoro oculto

La barrera de coral de Chagos está compuesta por más de 60 islas y atolones y es uno de los *arrecifes de coral* más remotos y bien conservados del mundo. Está situada en el centro del océano Índico y forma parte del territorio británico del océano Índico. Es famosa por su *increíble biodiversidad y sus aguas cristalinas*, llenas de vida marina.

 ### Santuario marino

La barrera de coral de Chagos es uno de los ecosistemas marinos *menos afectados* por la actividad humana. Su lejanía ha permitido que los corales y la vida marina prosperen en un entorno casi intacto. Este refugio de biodiversidad es muy importante para la investigación científica y la conservación.

 ### Diego García: Vida marina

El atolón *Diego García* es uno de los más grandes y conocidos de Chagos. Aunque es una base militar, sus aguas circundantes están llenas de vida marina, incluyendo delfines, mantarrayas y numerosas especies de peces de arrecife.

 ### Diversidad de corales

En Chagos viven más de *220 especies de coral*. Estos corales forman estructuras complejas que proporcionan refugio y alimento a innumerables especies marinas.

### Anémona de mar (Heteractis magnifica)

Las anémonas de mar son hogar de muchos peces payaso y tienen una relación simbiótica con estos peces: les proporcionan refugio y protección a la vez que los peces payaso las mantienen limpias de parásitos.

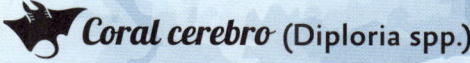 **Coral cerebro** (Diploria spp.)

Este coral tiene una forma y circunvoluciones que recuerdan al cerebro humano. Es muy importante para formar arrecifes y ofrece refugio a muchas especies marinas.

**Erizo de mar** (Diadema spp.)

Los erizos de mar ayudan a controlar la población de algas en los arrecifes, manteniendo el equilibrio del ecosistema coralino. Sus largas espinas también los protegen de depredadores y proporcionan refugio a pequeños peces y otros organismos marinos.

# Calamar gigante: el misterio de las profundidades

El calamar gigante *(Architeuthis dux)* es uno de los **animales más fascinantes y misteriosos** del mar. Pueden medir hasta 13 m, siendo de los mayores invertebrados del planeta. Aunque ha inspirado leyendas marinas durante siglos, su vida y comportamiento siguen siendo en gran parte desconocidos debido a su hábitat en las profundidades.

### ⬛ Duelo entre gigantes

Los *cachalotes* son los principales depredadores de los calamares gigantes. Las *cicatrices de ventosas* encontradas en los cachalotes son una prueba de las feroces batallas que ocurren en las profundidades del océano.

A pesar de su tamaño, *rara vez son vistos con vida*. La mayoría de los avistamientos y estudios provienen de ejemplares varados en playas o capturados accidentalmente en redes de pesca. Los primeros vídeos de calamares gigantes vivos en su hábitat natural se han obtenido en la última década.

Se cree que usan la *bioluminiscencia*, es decir, la producción de luz por medios biológicos, para comunicarse y atraer a sus presas en las oscuras profundidades del mar.

### Habitante de las profundidades

Habita en *profundidades de entre 300 y 1.000 m* en los océanos del mundo, aunque ha sido encontrado a mayor profundidad. El entorno oscuro y frío hace difícil estudiar su comportamiento en su hábitat natural.

### Ojos enormes

Los calamares gigantes tienen los *ojos más grandes* del reino animal, con un diámetro de hasta 30 cm. Estos enormes ojos les permiten detectar la poca luz que llega a las profundidades del océano.

### Depredador de largos tentáculos

El calamar gigante es un depredador voraz. Usa sus *largos tentáculos*, que tienen *ventosas y ganchos afilados*, para capturar presas como peces y otros calamares. Los tentáculos pueden extenderse hasta 10 m para atrapar presas a distancia.

Se desplaza usando *propulsión a chorro*, expulsando agua a través de un sifón para impulsarse rápidamente. Esta habilidad le permite escapar de depredadores y atrapar presas con rapidez.

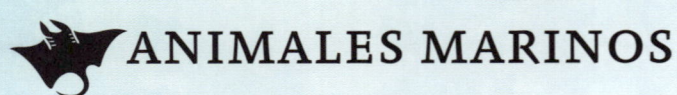
# Pez león: el rey de los arrecifes

El pez león (*Pterois spp.*) es uno de los peces más **llamativos y hermosos** del océano. Sin embargo, bajo su apariencia impresionante se esconde un **depredador voraz** y una especie invasora que representa una amenaza significativa para los ecosistemas marinos. Originario del Indo-Pacífico, el pez león se ha expandido a otras regiones, causando preocupación entre los biólogos y conservacionistas.

 ### Depredador voraz

Es un **depredador eficiente** que se alimenta de peces pequeños, crustáceos y moluscos. Utiliza sus aletas para acorralar a sus presas y luego las aspira rápidamente con su boca grande. Puede consumir grandes cantidades de presas, lo que lo convierte en una amenaza para las poblaciones de peces.

 ### Invasor del arrecifes

Originario del Indo-Pacífico, se ha extendido al Atlántico Occidental y el Caribe. Habita en arrecifes de coral, lagunas costeras y manglares, donde se esconde y caza. Como **especie invasora**, ha causado problemas en los ecosistemas locales, reduciendo las poblaciones de especies nativas y alterando el equilibrio de los arrecifes debido a su voraz apetito.

 ### Control del pez león

Para controlar la población de pez león, se han lanzado **programas de caza** en zonas afectadas. Buceadores y pescadores reciben incentivos para capturarlos, y se organizan competiciones para reducir su número. También se promueve su consumo, pues su carne es comestible y rica.

Puede **expandir su estómago** para comer presas grandes, y su metabolismo eficiente le permite sobrevivir con poca comida en tiempos de escasez.

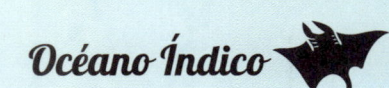

## Patrones venenosos

Es conocido por sus *vivos colores y rayas verticales*, que van del rojo al blanco y negro. Sus aletas tienen espinas venenosas que pueden causar dolor intenso, hinchazón y, en casos graves, parálisis temporal. Este veneno es su principal defensa contra los depredadores.

## Reproducción imparable

El pez león se *reproduce rápidamente* y las hembras pueden poner hasta 30.000 huevos cada pocos días. Los huevos flotan en la superficie del agua antes de eclosionar y las larvas son llevadas por las corrientes, lo que facilita su expansión a nuevas áreas.

# Dugongo: el pacífico habitante de los mares

El dugongo *(Dugong dugon)* es un *mamífero marino* de la familia de los sirenios, como los manatíes. Es conocido por su apariencia única, con un cuerpo robusto y una cola similar a la de un delfín. Vive en las aguas costeras cálidas del Indo-Pacífico, desde el este de África hasta Australia. Puede vivir hasta 70 años si las condiciones son favorables y no enfrenta demasiadas amenazas humanas.

### Reproducción lenta y vulnerable

El ciclo reproductivo del dugongo es *lento*. Las hembras tienen una cría cada 3 a 7 años, tras una gestación de 13 meses. Las crías son amamantadas hasta 18 meses y permanecen con su madre varios años. Este ritmo lento los hace *especialmente vulnerables* a las amenazas.

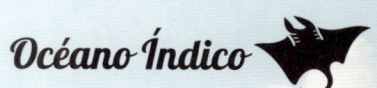

 ### Vida tranquila submarina

Estos animales son *solitarios* o se encuentran en pequeños grupos familiares. Pasan mucho tiempo alimentándose y descansando en el fondo del mar. Aunque son lentos y tranquilos, *pueden nadar rápido* si es necesario. Emiten sonidos como chirridos, silbidos y gruñidos para comunicarse.

 ### Protección y conservación

Los dugongos han sido cazados por *su carne, piel y aceite*. En algunas culturas, tienen un significado cultural y espiritual. Hoy en día, son una especie protegida en muchas regiones, y hay un creciente interés en su conservación.

 ### Herbívoros de los mares

Los dugongos son *herbívoros* y se alimentan casi exclusivamente de pastos marinos. Usan sus *labios grandes y flexibles* para arrancar las plantas del fondo marino. Pueden consumir hasta 40 kg de vegetación al día, y juegan un papel vital en mantener la salud de las praderas marinas.

Las *principales amenazas* para los dugongos son la pérdida de su hábitat, la contaminación del agua, las colisiones con barcos y la caza ilegal. La degradación de las praderas marinas por la actividad humana también afecta a sus poblaciones.

El dugongo tiene *un cuerpo alargado y robusto* que puede medir hasta 3 m y pesar hasta 500 kg. Su piel es gruesa y gris, a menudo cubierta de algas y otros organismos marinos. Tiene una *cola parecida a la de un delfín* y aletas delanteras en forma de paleta, lo que lo distingue de otros mamíferos marinos.

# Pez Napoleón: el gigante de los arrecifes

El pez Napoleón (*Cheilinus undulatus*), también conocido como *mero Napoleón o maorí*, es uno de los *peces más impresionantes* del Índico. Con su joroba distintiva en la cabeza y su gran tamaño, es un habitante emblemático de los arrecifes de coral. Puede vivir hasta 30 años y es crucial para mantener el equilibrio de los ecosistemas marinos.

### Gigante jorobado

Puede llegar a medir *2 m de largo y pesar hasta 190 kg*. Su cuerpo robusto y alargado es de color verde o azul con manchas y rayas. Su característica más distintiva es la *protuberancia* en la frente de los adultos, especialmente marcada en los machos.

### Cambio de sexo

El pez Napoleón *puede cambiar de sexo*. Todos nacen como hembras y algunos se vuelven machos al madurar. La reproducción ocurre en grupos, donde los machos dominantes fecundan los huevos liberados por varias hembras.

### Depredador de los arrecifes

Se alimenta de *moluscos, crustáceos y peces pequeños*. Usa sus fuertes mandíbulas para romper las conchas de sus presas. También come estrellas de mar dañinas para los corales, ayudando a mantener el equilibrio en los arrecifes.

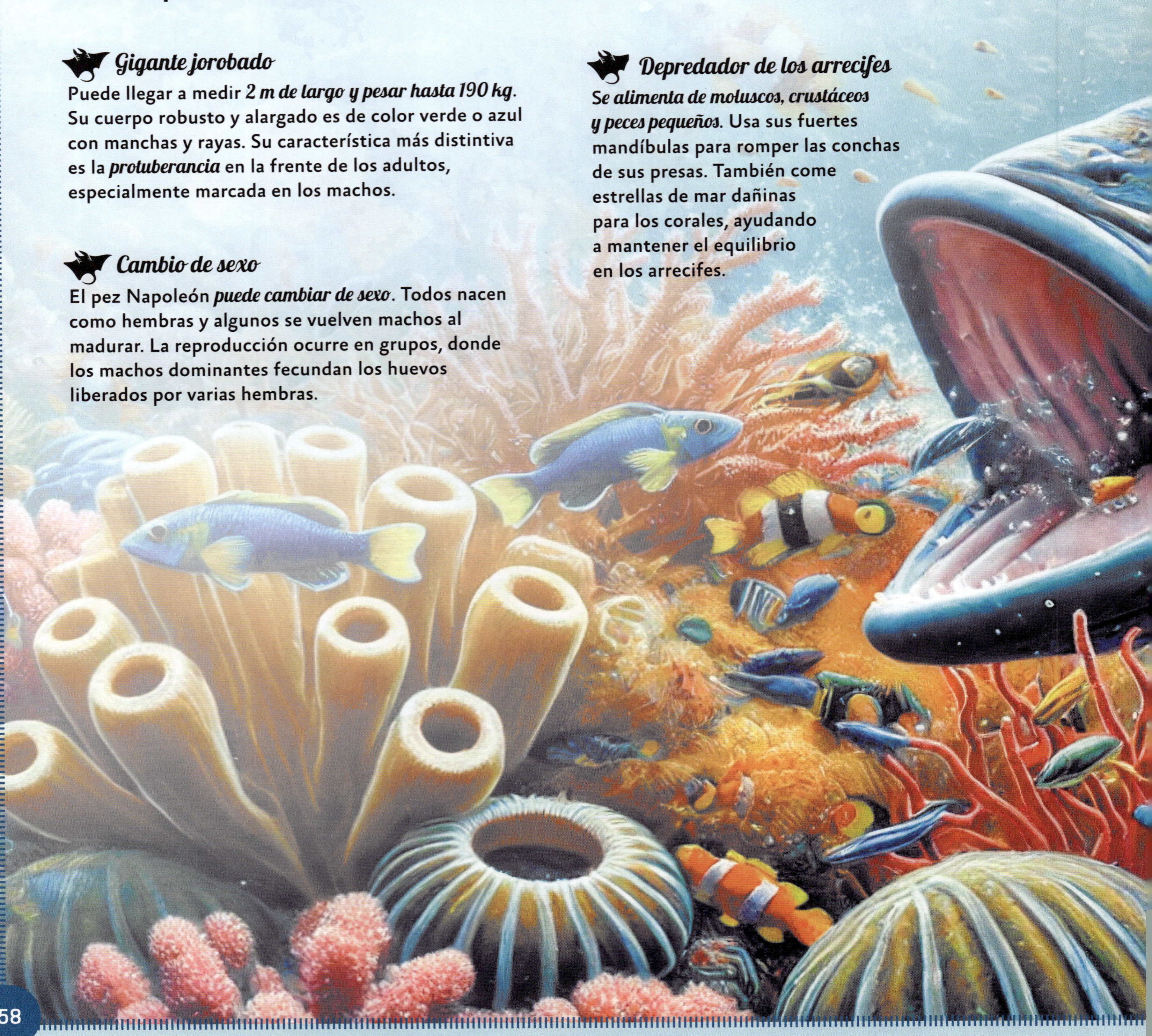

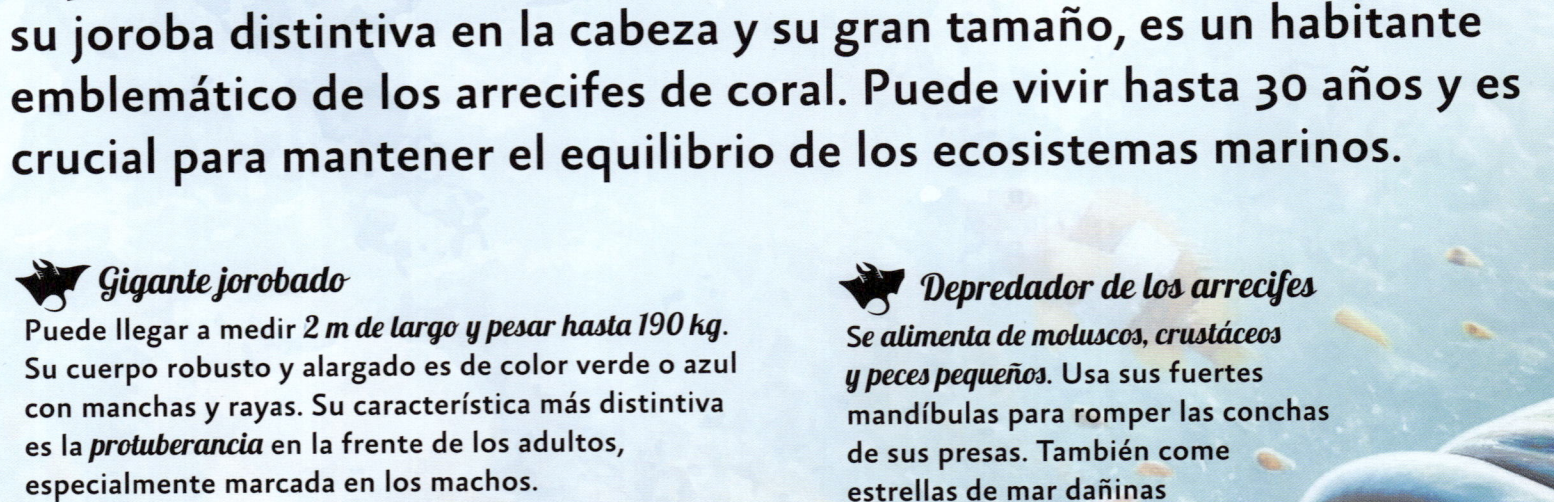

Como depredador tope en los arrecifes de coral, es *vital para mantener el equilibrio del ecosistema*. Al controlar las poblaciones de invertebrados, ayuda a mantener la salud y la diversidad de los corales. Su presencia indica un ecosistema de arrecife saludable.

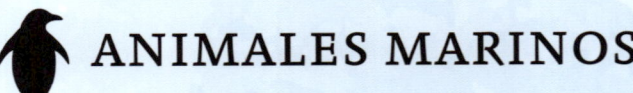 

# El océano Antártico: el desierto helado del sur

El océano Antártico, u *océano Austral*, rodea el continente antártico y cubre alrededor del 4 % de la superficie terrestre. Es crucial para regular el clima global y alberga una *rica vida marina adaptada al frío extremo*. Con sus frías aguas e impresionantes plataformas de hielo, es un hábitat único lleno de maravillas naturales.

### Gigante de hielo

La *barrera de hielo de Ross* es la más grande del mundo y cubre una superficie de aproximadamente 487.000 km². Es un área de intensa investigación científica por su influencia en el clima y su papel en el ciclo global del agua.

 ### Impacto del hielo marino

El océano Antártico está *cubierto en gran parte por hielo marino*, especialmente durante el invierno en el hemisferio sur. Este hielo crece y se reduce según la estación, afectando al clima y las corrientes oceánicas de todo el mundo. Los glaciares y las plataformas de hielo que se desprenden del continente antártico también son importantes, y su derretimiento contribuye al aumento del nivel del mar.

### Efecto albedo

El *albedo* es la capacidad de una superficie para reflejar la luz solar. El hielo marino del océano Antártico tiene un alto albedo, reflejando la mayor parte de la radiación solar y enfriando el planeta. La pérdida de hielo reduce este efecto y contribuye al calentamiento global.

## ¿DÓNDE ESTÁ?

El *océano Antártico* cubre una superficie de unos 20 millones de km² y está rodeado por la *corriente circumpolar antártica*, la corriente oceánica más fuerte del mundo. La temperatura del agua puede descender por *debajo de los 0ºC* debido a la alta salinidad y la presencia constante de hielo marino. El clima es extremadamente frío y ventoso, con frecuentes tormentas.

# Mar de Ross: un tesoro en el sur del mundo

El mar de Ross es una *enorme bahía* en el *océano Antártico*, justo al sur de Nueva Zelanda. Este lugar es famoso por su *increíble vida marina* y por ser uno de los *ecosistemas más puros y menos afectados* del planeta. Aquí, científicos de todo el mundo estudian el clima y la vida en el agua, pues el mar de Ross es crucial para entender cómo funciona el planeta.

###  Pulmón del océano

El mar de Ross es *vital para el clima global*. Actúa como un sumidero de carbono, absorbiendo dióxido de carbono de la atmósfera y ayudando a mitigar el cambio climático. Además, la mezcla de aguas profundas y frías con el hielo marino crea áreas ricas en nutrientes, esenciales para la vida marina.

### Pingüino de Adelia (Pygoscelis adeliae)

El pingüino de Adelia es una de las especies más comunes en la Antártida. Se encuentra en grandes colonias en el mar de Ross y el mar de Weddell. Se alimenta de kril y peces, y es esencial para el equilibrio del ecosistema.

## Orca (Orcinus orca)

Las orcas son los principales depredadores del mar de Ross y el mar de Weddell. Se alimentan de peces, focas y otras ballenas. Su papel es esencial para mantener el equilibrio de las poblaciones de sus presas.

## Extensión helada del Ross

El mar de Ross tiene una extensión de unos 960.000 km² y está bordeado por la plataforma de hielo de Ross, la más grande del mundo. Sus *aguas son extremadamente frías*, a menudo por debajo de los -1,8°C. La región está cubierta de hielo marino durante la mayor parte del año, especialmente en invierno.

## Bacalao antártico (Dissostichus mawsoni)

Este bacalao vive en aguas profundas y es de importancia crucial tanto ecológica como económicamente. Tiene adaptaciones especiales para sobrevivir en aguas frías y se encuentra en el mar de Ross y el mar de Weddell. Este pez es un componente importante de la cadena alimentaria.

# Isla Decepción: el refugio volcánico del sur

La isla Decepción es una *isla volcánica* en las islas Shetland del Sur, en la Antártida. Tiene forma de herradura debido a una caldera volcánica que se hundió, creando una bahía natural. Es un refugio natural con una combinación única de vida marina y actividad geotérmica. Es famosa por su impresionante geología, su rica biodiversidad y su historia de explotación, ya que fue un importante centro para la caza de focas y ballenas en los siglos XIX y XX.

### 🐧 Aguas termales antárticas

Una de las características más curiosas de la isla Decepción son sus *aguas termales*. Debido a la actividad geotérmica, algunas áreas de la playa tienen agua cálida, creando un sorprendente contraste con el frío ambiente antártico. Estas aguas son un refugio para diversas formas de vida marina.

### 🐧 Refugio en Puerto Foster

La *caldera volcánica* de la isla Decepción forma un puerto natural llamado Puerto Foster. Este puerto es uno de los más seguros de la Antártida y ha sido utilizado históricamente por exploradores y balleneros porque ofrece protección contra las *tormentas* antárticas.

### 🐧 Volcán activo

La isla es uno de los pocos *volcanes activos* en la Antártida. La actividad volcánica ha moldeado su paisaje y sigue siendo monitorizada por científicos. Las erupciones pasadas han creado un terreno único con fumarolas y áreas de suelo caliente.

### 🐧 Leopardo marino (Hydrurga leptonyx)

Es uno de los principales depredadores del océano Antártico, donde caza pingüinos y otras focas. Vive en el mar de Weddell y en las aguas alrededor de la isla Decepción. Como depredador, es crucial para mantener el equilibrio de las poblaciones de sus presas.

**Pingüino barbijo** (Pygoscelis antarctica)
Vive en grandes colonias en la isla Decepción y otras áreas del océano Antártico. Se alimenta de kril y pequeños peces. Su comportamiento social es fascinante porque el grupo colabora en la crianza de los polluelos. Realiza rituales de apareamiento. Es una especie importante para el equilibrio del ecosistema marino.

**Elefante marino del Sur** (Mirounga leonina)
Es la especie de foca de mayor tamaño; el macho puede medir hasta 6 m y pesar 4 toneladas. Es conocido por sus luchas territoriales durante la temporada de apareamiento. Vive en las aguas que rodean la isla Decepción y ayuda a mantener el equilibrio del ecosistema marino al controlar las poblaciones de peces y calamares.

# Mar de Weddell: un mar de hielo y vida

El mar de Weddell, al este de la península Antártica, es conocido por sus *aguas extremadamente frías* y sus enormes masas de hielo marino. Este mar es uno de los más prístinos y menos explorados del planeta, con una increíble diversidad de vida marina adaptada a las duras condiciones antárticas.

El hielo marino en el mar de Weddell se *expande y contrae con las estaciones*, influyendo en las corrientes oceánicas y el clima global. Los glaciares y las plataformas de hielo, como la barrera de hielo Filchner-Ronne, son características importantes de esta región. El derretimiento de estos glaciares contribuye al aumento del nivel del mar.

**Petrel gigante antártico** (Macronectes giganteus)

Es una de las mayores aves marinas de la región antártica. Se alimenta de peces, calamares y carroña, y se puede encontrar en el mar de Ross y el mar de Weddell. Es una especie clave en la cadena alimentaria y un indicador importante de la salud del ecosistema.

El mar de Weddell cubre una gran parte del océano Antártico, *rodeado de glaciares y plataformas de hielo*. Las temperaturas del agua pueden bajar de -1,8°C, y la región está cubierta de *hielo marino* durante gran parte del año. Este mar es famoso por ser uno de los lugares más fríos y ventosos del mundo.

**Foca de Weddell**
(Leptonychotes weddellii)

La foca de Weddell es una de las especies de foca mejor adaptadas al hielo marino. Puede bucear a grandes profundidades y permanecer bajo el agua durante largos periodos de tiempo. Se encuentra principalmente en el mar de Weddell y el mar de Ross, y es conocida por vivir y reproducirse en el hielo.

**Regulador climático**

El mar de Weddell es crucial para la *regulación del clima global*. Actúa como un sumidero de carbono, absorbiendo grandes cantidades de dióxido de carbono de la atmósfera. Las interacciones entre el hielo marino y las aguas profundas crean áreas de alta productividad biológica, vitales para muchas especies marinas.

**Foca cangrejera** (Lobodon carcinophaga)

La foca cangrejera es la más numerosa en el océano Antártico. Se alimenta principalmente de kril y se encuentra en el mar de Weddell y el mar de Ross. Estas focas son vitales para el ecosistema marino debido a su abundancia y dieta.

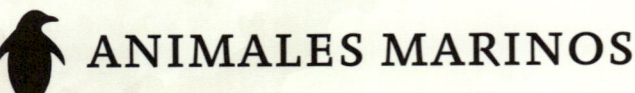
# Pingüino emperador: el rey del hielo

El pingüino emperador (Aptenodytes forsteri) es *el pingüino de mayor tamaño* y uno de los animales más emblemáticos de la Antártida. Con su elegante plumaje y su increíble resistencia a las duras condiciones del invierno antártico, el pingüino emperador es un verdadero símbolo de la vida en el hielo.

El *ciclo de vida* del pingüino emperador es único. La temporada de reproducción comienza en invierno, cuando hace más frío. Las hembras ponen un solo huevo y lo entregan a los machos, que lo incuban sobre sus pies, protegidos por un pliegue de piel que forma una bolsa incubadora. Los machos pasan unos 65 días sin comer, soportando las duras condiciones hasta que el huevo eclosiona.

 **Comunicación vocal**

Tienen un *sistema de comunicación complejo*, con una rica variedad de llamadas y vocalizaciones. Estas vocalizaciones son cruciales para el reconocimiento entre padres y crías, especialmente en las grandes colonias donde puede haber miles de individuos.

 **Gigantes del hielo**

Los pingüinos emperador miden *hasta 1,2 m de altura y pesar entre 22 y 45 kg.* Tienen un plumaje denso y resistente al agua que los protege del frío. Sus colores son muy contrastantes: la espalda es negra; el vientre, blanco, y presentan manchas anaranjadas en el cuello.

Están adaptados para sobrevivir en la Antártida. Su *plumaje denso y una gruesa capa de grasa* los aíslan del frío. Además, sus huesos sólidos les ayudan a bucear y nadar eficientemente en busca de alimento.

 **Cooperación para sobrevivir**

Son *aves muy sociables*. Durante el invierno, los machos forman grandes grupos llamados «*tortas*» para conservar el calor mientras incuban los huevos. Este comportamiento cooperativo es esencial para su supervivencia en las duras condiciones del invierno antártico.

 **Residentes del frío extremo**

El pingüino emperador solo vive en la Antártida. Sus colonias se encuentran en el hielo marino y en áreas costeras durante la reproducción. Estas aves están *adaptadas para vivir en las regiones más frías del planeta*, donde las temperaturas pueden descender hasta -60°C.

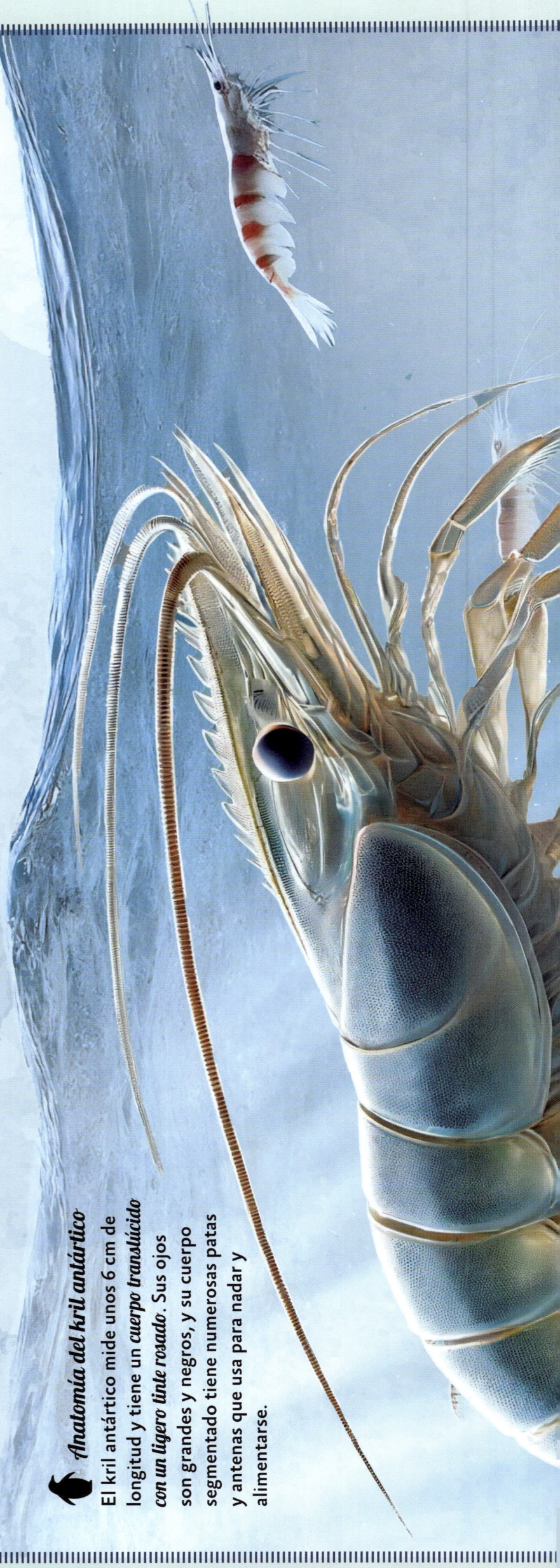

# ANIMALES MARINOS

# Kril antártico: la base de la vida en el océano

El kril antártico (*Euphausia superba*) es un *pequeño crustáceo* que desempeña un papel vital en el ecosistema del océano Antártico. Aunque son diminutos, estos animales forman enormes bandadas y son la base de la cadena alimentaria marina, proporcionando alimento a una gran variedad de especies, desde peces hasta ballenas.

### Anatomía del kril antártico

El kril antártico mide unos 6 cm de longitud y tiene un *cuerpo translúcido con un ligero tinte rosado*. Sus ojos son grandes y negros, y su cuerpo segmentado tiene numerosas patas y antenas que usa para nadar y alimentarse.

### Habitante del océano helado

Vive en las frías aguas del océano Antártico, especialmente en zonas con hielo marino. Prefiere *aguas ricas en nutrientes* donde hay mucho fitoplancton, su principal alimento. Los enjambres de kril pueden cubrir vastas áreas del océano, haciendo que su biomasa total sea enorme.

### La dieta del kril

Se alimenta principalmente de *fitoplancton*, pequeñas algas que flotan en la superficie del agua. Usa sus *patas filtradoras* para capturar estas diminutas plantas marinas. Durante el invierno, cuando hay poco fitoplancton, el kril raspa las algas del hielo marino para sobrevivir.

### Ciclo de vida

Puede *vivir hasta siete años*. La reproducción ocurre en verano, cuando las hembras liberan miles de huevos en el agua. Las larvas pasan por varias etapas antes de convertirse en adultos. Durante el invierno, el kril joven se refugia en el hielo marino, donde encuentra protección y alimento.

# Estrella de mar antártica: habitante del fondo marino

La estrella de mar antártica *(Odontaster validus)* es una de las especies *más comunes y resistentes* que habitan las frías aguas del océano Antártico. Con su capacidad para *sobrevivir* en condiciones extremas y su papel crucial en el ecosistema, esta estrella de mar es un fascinante ejemplo de adaptación y supervivencia en el entorno antártico.

### Rol ecológico

La estrella de mar antártica juega un papel vital en el *ecosistema* bentónico del océano Antártico. Actúa como un depredador y reciclador de nutrientes, ayudando a mantener el equilibrio ecológico. Su presencia indica un ecosistema marino saludable y estable.

Puede alcanzar un diámetro de hasta 20 cm. Tiene *cinco brazos robustos y una superficie con pequeñas espinas* para protegerse de los depredadores. Su color varía del rojo al naranja en la parte superior, y es rosáceo en la inferior.

El ciclo de vida de esta estrella de mar incluye *reproducción sexual y asexual*. En la reproducción sexual, liberan huevos y esperma en el agua para fertilización. Las larvas pasan por varias etapas antes de asentarse en el fondo marino y convertirse en juveniles. También pueden regenerar brazos perdidos, permitiendo la reproducción asexual si es necesario.

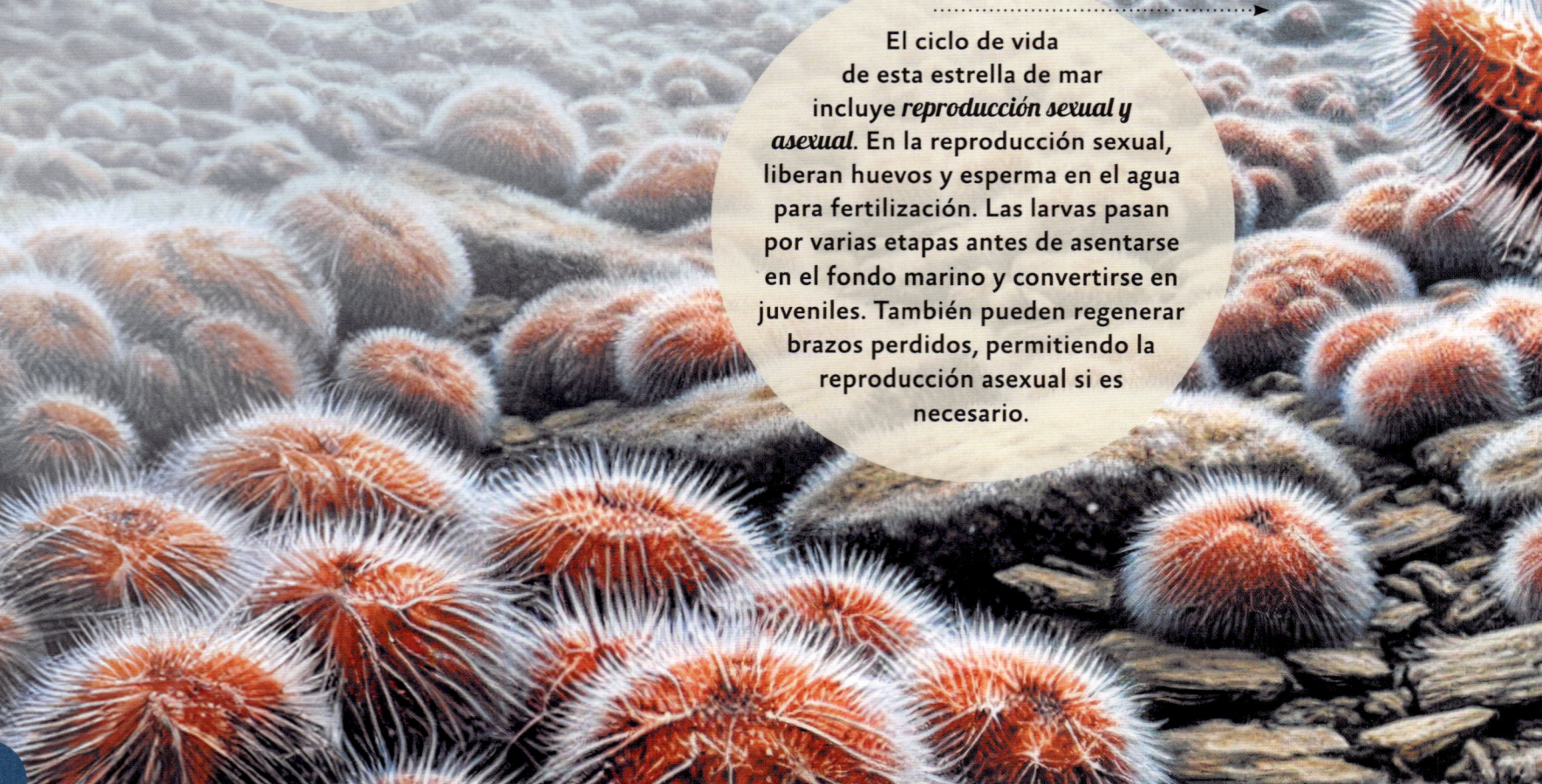

 **Alimentación y digestión**

La estrella de mar antártica es *omnívora* y se alimenta de una amplia variedad de organismos marinos, entre otros, algas, detritos, moluscos y otros invertebrados. Utiliza sus brazos para capturar y manipular el alimento, y su *estómago es capaz de extenderse fuera del cuerpo* para digerir presas más grandes.

Vive en las frías aguas del *océano Antártico*, desde las zonas costeras hasta profundidades de más de 600 metros. Prefiere los fondos rocosos y arenosos, donde encuentra alimento y refugio. Esta especie es muy adaptable y puede sobrevivir en diferentes condiciones de temperatura y salinidad.

# Pez hielo: el habitante transparente del Antártico

El pez hielo (familia Channichthyidae) es un *pez único* que habita en las frías aguas del océano Antártico. Conocido por su *sangre clara* y sus *adaptaciones extremas al frío*, es un ejemplo fascinante de evolución. Su capacidad para sobrevivir a temperaturas que matarían a la mayoría de los peces lo convierte en un tema de gran interés para científicos y amantes de la naturaleza.

Se alimenta principalmente de *pequeños crustáceos y otros invertebrados marinos*. Usa su visión aguda y su capacidad para moverse lentamente en el agua fría para cazar sus presas. Su dieta variada le permite obtener los nutrientes necesarios para sobrevivir en un ambiente donde el alimento puede ser escaso.

 ### Sangre única

Una de las características más sorprendentes del pez hielo es su *sangre transparente*. A diferencia de otros vertebrados, estos peces no tienen hemoglobina, la proteína que da color rojo a la sangre y transporta oxígeno. En su lugar, absorben oxígeno directamente a través de su piel y su plasma sanguíneo, lo que les permite sobrevivir en aguas muy frías y ricas en oxígeno.

 ## Importancia ecológica

Los peces hielo son muy importantes en el *ecosistema antártico*. Sirven de alimento para depredadores más grandes, como focas y aves marinas. Además, su presencia indica la salud del medio ambiente marino antártico.

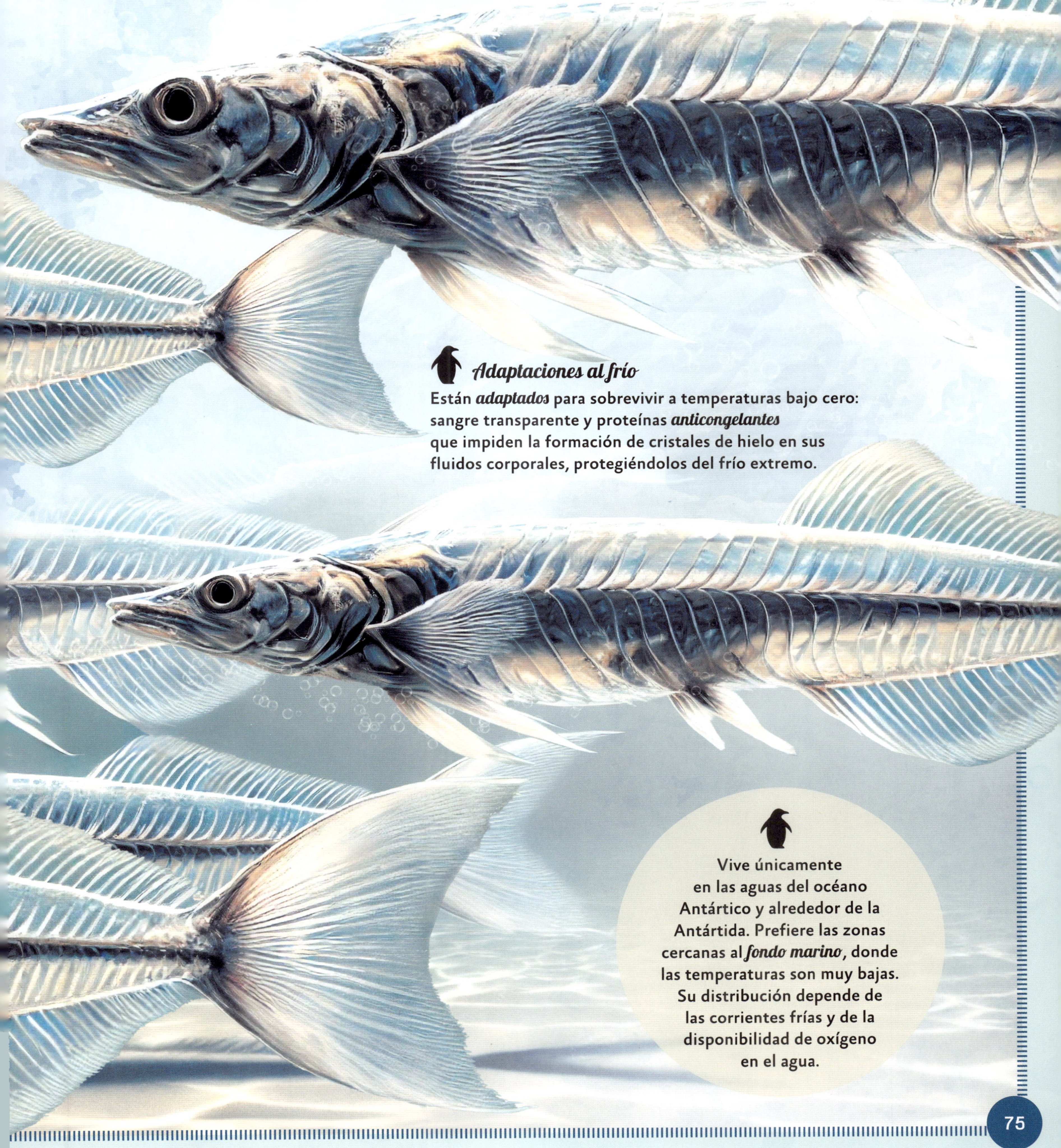

## Adaptaciones al frío

Están *adaptados* para sobrevivir a temperaturas bajo cero: sangre transparente y proteínas *anticongelantes* que impiden la formación de cristales de hielo en sus fluidos corporales, protegiéndolos del frío extremo.

Vive únicamente en las aguas del océano Antártico y alrededor de la Antártida. Prefiere las zonas cercanas al *fondo marino*, donde las temperaturas son muy bajas. Su distribución depende de las corrientes frías y de la disponibilidad de oxígeno en el agua.

# El océano Ártico: el desafío del Norte

El océano Ártico es el *más pequeño y menos profundo* de los océanos del mundo. Sus frías aguas están cubiertas por hielo marino durante la mayor parte del año. Este océano frío y remoto alberga una variedad única de vida marina y es crucial para la regulación del clima global.

El *océano Ártico* cubre unos 14 millones de km², con una profundidad media de alrededor de 1.038 m. Se caracteriza por ser extremadamente frío, con *temperaturas* que pueden descender por debajo de los -40°C en invierno.

 **Fauna ártica y hielo marino**

El océano Ártico alberga *especies adaptadas al frío extremo*, como osos polares, morsas y focas, que dependen del hielo marino para cazar, reproducirse y refugiarse. Los osos cazan focas sobre el hielo, mientras las morsas lo usan para descansar.

**Importancia climática**

El Ártico es crucial para *regular el clima global*. Su hielo refleja la radiación solar, enfriando el planeta, y absorbe dióxido de carbono atmosférico, mitigando el cambio climático.

## ¿DÓNDE ESTÁ?

Este océano tiene *ecosistemas marinos* únicos con una diversidad de especies adaptadas a condiciones extremas. Las praderas de algas en el hielo y los fondos marinos sostienen una rica cadena alimentaria, desde pequeños crustáceos hasta grandes mamíferos marinos. La vida aquí está en constante adaptación para enfrentar el duro ambiente ártico.

# Svalbard: el refugio helado

Las *islas Svalbard*, un archipiélago noruego en el océano Ártico, están a medio camino entre Noruega continental y el Polo Norte. Este remoto lugar es conocido por su impresionante paisaje ártico, vida silvestre única y su importancia científica. Svalbard combina naturaleza extrema con historia humana, y es un centro de conservación e investigación.

### Gaviota tridáctila (Rissa tridactyla)

Es una especie clave en la cadena alimentaria del Ártico. Se alimenta de peces y plancton y sirve de presa para depredadores más grandes. Anida en acantilados costeros y sus grandes colonias son un indicador de la salud del ecosistema marino.

Alrededor del 60 % de la superficie de Svalbard está cubierta por *glaciares*. Estos glaciares son fundamentales para el estudio del cambio climático y proporcionan un paisaje impresionante y dinámico.

### Foca barbuda (Erignathus barbatus)

La foca barbuda es de gran tamaño y se alimenta de invertebrados y peces en el fondo marino. Es conocida por sus bigotes distintivos. Depende del hielo marino para descansar y criar a sus crías. La pérdida de hielo marino es una amenaza importante para su población.

### Geografía y clima

Svalbard tiene varias islas grandes, siendo Spitsbergen la mayor y más conocida. El *clima es ártico*, con inviernos largos y fríos y veranos breves y frescos. La temperatura media en invierno es de -17°C y en verano de unos 7°C. La región experimenta fenómenos únicos como *la noche polar y el sol de medianoche*.

### Oso polar (Ursus maritimus)

Es el mayor depredador del Ártico y un símbolo de Svalbard. Depende del hielo marino para cazar focas y es crucial para el ecosistema ártico. Las principales amenazas son el cambio climático y la disminución del hielo marino, que afectan su capacidad para cazar y reproducirse.

### Foca anillada (Pusa hispida)

La foca anillada es una de las principales presas del oso polar. Son expertas en crear y mantener agujeros en el hielo para respirar y dar a luz. Su supervivencia depende del hielo marino estable y están amenazadas por su disminución.

### Arenque atlántico (Clupea harengus)

El arenque atlántico vive en grandes bancos y es conocido por sus migraciones masivas. Puede vivir hasta 20 años y alcanza una longitud de hasta 45 cm. Es una fuente importante para la pesca comercial y se utiliza tanto fresco como en conserva.

79

# Mar de Barents: ecosistema vital del Ártico

El mar de Barents es un cuerpo de agua situado en el océano Ártico, al norte de Noruega y Rusia. Este mar es conocido por su *rica biodiversidad* y su *importancia ecológica y económica*. A pesar de las condiciones extremas, el mar de Barents alberga una gran cantidad de vida marina y es una de las zonas de pesca más productivas del mundo. Además, es un área clave para la investigación científica y la exploración de recursos naturales.

## Viaje al mar de Barents

El mar de Barents cubre aproximadamente 1,4 millones de km² y tiene una profundidad media de alrededor de 230 m. Aunque en invierno gran parte del mar se cubre de hielo, la *corriente del Atlántico Norte* lleva agua más cálida a la zona, manteniendo zonas del mar sin hielo durante todo el año.

## Foca de Groenlandia
(Pagophilus groenlandicus)

La foca de Groenlandia es importante para el ecosistema ártico. Se alimenta de peces y crustáceos, y es presa para depredadores como el oso polar. Sus crías, conocidas como crías de arpa, tienen un pelaje blanco distintivo y nacen en el hielo marino durante el invierno.

## Capelán (Mallotus villosus)

El capelán es un pez pequeño pero crucial en el ecosistema del mar de Barents. Es una fuente importante de alimento para muchas especies de mayor tamaño, incluidas aves marinas y mamíferos. Vive en grandes bancos y es conocido por sus migraciones masivas hacia las costas para desovar.

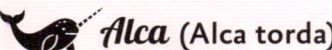

### Alca (Alca torda)

El alca es un ave que juega un papel crucial en el ecosistema marino al alimentarse de peces y crustáceos. Contribuye al equilibrio de las poblaciones marinas. Anida en colonias en acantilados y puede bucear hasta 100 m para capturar su alimento.

### Frailecillo atlántico (Fratercula arctica)

El frailecillo es un ave marina que se alimenta de peces pequeños y plancton. Es un indicador de la salud del ecosistema marino. Con su pico colorido, puede sumergirse hasta 60 m para atrapar su alimento. Anida en acantilados costeros.

### Ballena de Groenlandia (Balaena mysticetus)

Esta ballena puede vivir más de doscientos años. Es conocida por su gran tamaño y gruesas capas de grasa, lo que le permite adaptarse a las frías aguas del Ártico. Su población ha disminuido debido a la caza, aunque en la actualidad es una especie protegida.

### Bacalao (Gadus morhua)

El bacalao es importante tanto ecológica como económicamente. Es fundamental para la cadena alimentaria marina y una fuente clave para la industria pesquera de la región. Puede vivir hasta 25 años y alcanzar una longitud de hasta 2 m. Es conocido por sus migraciones largas en busca de alimento y lugares de desove.

# Mar de Chukotka: refugio de vida marina

El mar de Chukotka es una extensión del océano Ártico situada entre el noreste de Rusia y el noroeste de Alaska. Este mar es conocido por su *rica biodiversidad* y su importancia *ecológica*, siendo un área clave para muchas especies marinas y aves migratorias. El mar de Chukotka también es un indicador importante del cambio climático, ya que el deshielo del Ártico afecta profundamente esta región.

## Hielos del mar de Chukotka

El mar de Chukotka cubre unos 620.000 km² y tiene una profundidad media de 77 m (aunque en algunas zonas llega a los mil metros). Sus aguas están *cubiertas de hielo* durante la mayor parte del año, pero en verano el hielo se reduce mucho, permitiendo más actividad biológica y humana.

Es un corredor vital para las *migraciones de ballenas y aves marinas*. Las ballenas grises migran desde el mar de Chukotka hasta México para reproducirse. Las aves marinas también usan esta área para descansar y alimentarse durante sus largas migraciones.

## Foca anillada (Pusa hispida)

Es una de las especies más pequeñas de focas y su nombre proviene del dibujo en forma de anillos en su pelaje. Es experta en buceo, cazando peces y crustáceos bajo el hielo marino. Desempeña un papel clave en el ecosistema ártico, siendo presa de depredadores como osos polares y orcas.

## Alga kelp (Laminaria spp.)

El kelp es una macroalga que forma densos bosques submarinos. Proporciona hábitat y alimento para muchas especies marinas como peces, invertebrados y mamíferos.

### Eufausiáceos (kril)

El kril es esencial para la alimentación de muchas especies marinas. Estos pequeños crustáceos forman grandes enjambres y son una fuente principal de alimento para ballenas y peces grandes.

### Cangrejo de las nieves (Chionoecetes opilio)

Es una especie muy importante para la pesca comercial. Vive en el fondo marino y se alimenta de invertebrados y materia orgánica. Es una fuente de alimento para muchos peces y mamíferos marinos. Sus grandes pinzas y caparazón lo protegen de algunos depredadores.

### Anémonas de mar
(Urticina spp.)

Son invertebrados que se adhieren a las rocas y capturan pequeños peces y plancton con sus tentáculos urticantes. Viven muchos años y forman relaciones simbióticas con algunas especies de peces.

### Ballena minke (Balaenoptera acutorostrata)

Es una de las más pequeñas entre los cetáceos, conocida por su agilidad y rapidez. Habita en océanos de todo el mundo, incluido el Ártico, alimentándose de kril y pequeños peces. Es una especie solitaria, aunque a veces forma pequeños grupos. Su población es estable, siendo una de las pocas ballenas que no están en peligro de extinción.

### Estrella de mar (Leptasterias spp.)

Las estrellas de mar son depredadores importantes en el fondo marino. Se alimentan de moluscos y otros invertebrados, ayudando a controlar sus poblaciones. Tienen la capacidad de regenerar sus brazos si los pierden, lo que les permite recuperarse de lesiones y ataques de depredadores.

# Morsa: el gigante del Ártico

La morsa *(Odobenus rosmarus)* es uno de los ***mamíferos marinos*** más conocidos del Ártico. Con sus largos colmillos y su gran tamaño, es una pieza clave en los ecosistemas marinos del Ártico. Vive en zonas costeras y en el hielo, donde se alimenta principalmente de moluscos y otros invertebrados del fondo del mar.

### Buceadoras de altos vuelos

Son excelentes *buceadoras* y pueden sumergirse hasta 80 m en busca de alimento. Pueden estar bajo el agua durante unos 30 minutos.

Los ***colmillos de las morsas*** no solo sirven para defensa y trepar sobre el hielo, sino también como herramientas para desenterrar moluscos del fondo marino.

### Festín en el fondo marino

Se alimentan sobre todo de ***moluscos***, como almejas y cangrejos, que viven en el fondo. Usan sus ***sensibles bigotes*** para detectar a las presas, y sus colmillos y labios fuertes para desenterrarlas. También comen otros invertebrados y, en ocasiones, peces.

## Gigantes del Ártico

Pueden medir hasta 3,5 m y pesar más de 1.500 kg. Tienen una *piel gruesa y arrugada* de color marrón, cubierta de pelo corto. Sus *colmillos*, que miden hasta 1 metro, les ayudan a trepar sobre el hielo y a defenderse de los depredadores.

## Sinfonía de las morsas

Son muy *ruidosas* y usan muchos sonidos para comunicarse, como gruñidos, silbidos y rugidos. Estos sonidos son especialmente importantes durante la temporada de apareamiento.

## Bigotes supersensores

Los *bigotes de las morsas* son *vibrisas*, o sea, son extremadamente sensibles y les ayudan a detectar presas en el fondo marino. Cada morsa tiene cientos de estos bigotes que pueden moverse de manera independiente.

La *gruesa capa de grasa* de las morsas les proporciona aislamiento contra el frío del Ártico y actúa como reserva de energía.

Las morsas son muy *sociables* y viven en grandes grupos llamados *harenes*, que pueden tener cientos de individuos. Estos grupos ofrecen protección contra los depredadores y ayudan a mantener el calor. Los machos suelen ser más territoriales y a menudo luchan por el dominio.

# Narval: el unicornio del mar

El narval (*Monodon monoceros*) es conocido como el «*unicornio del mar*» por su colmillo largo y retorcido, que en realidad es un diente largo. Este mamífero marino vive en las frías aguas del Ártico y es un símbolo de la biodiversidad de esta región. Los narvales son importantes para los ecosistemas marinos y tienen una rica historia en la cultura de las comunidades indígenas del Ártico.

### Fiesta bajo el hielo

Son *animales sociales* que viven en grupos llamados *vainas*. Estas vainas pueden tener desde unos pocos individuos hasta cientos. Los narvales cooperan durante la alimentación y la migración, y las vainas pueden incluir narvales de diferentes edades y sexos.

### Sonar viviente

Los narvales usan *ecolocalización* para moverse y encontrar comida en las oscuras aguas del Ártico. Emiten sonidos que rebotan en los objetos y vuelven a ellos, lo que les permite «ver» con el sonido.

El *colmillo del narval* es en realidad un diente largo que puede crecer hasta 3 m. Está lleno de terminaciones nerviosas, lo que lo hace extremadamente sensible y capaz de detectar cambios en el entorno marino.

Los **narvales** pueden alcanzar una longitud de hasta 5 m, sin contar su colmillo, que llega a medir hasta 3 m. Pesan alrededor de 1.600 kg. Los machos son los que generalmente poseen el colmillo, aunque algunas hembras también pueden tenerlo.

### Abrigo natural polar

Están bien **adaptados al frío del Ártico**. Tienen una capa gruesa de grasa que les mantiene calientes y les da energía cuando escasea la comida.

Se alimentan de diferentes **presas**, como bacalao ártico, calamares y camarones. Usan la ecolocalización para encontrar a sus presas en las oscuras profundidades del mar. Su dieta cambia según la temporada y la disponibilidad de alimentos.

### Charla submarina

Son muy **ruidosos** y usan diferentes clics, silbidos y golpes para comunicarse. Estos **sonidos** son importantes para coordinarse en grupo y encontrar comida.

Los narvales **migran largas distancias** según la temporada. En verano, se desplazan a áreas donde pueden alimentarse, y, en invierno, viajan a lugares donde pasar la estación. Estas migraciones pueden ser de cientos de kilómetros y dependen del movimiento del hielo marino.

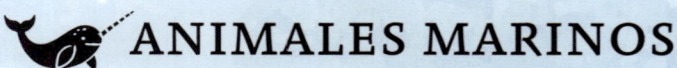 

# Beluga: la ballena blanca del Norte

La beluga *(Delphinapterus leucas)*, también conocida como *ballena blanca*, es uno de los mamíferos marinos más característicos del Ártico. Con su piel blanca y su habilidad para emitir muchos sonidos diferentes, la beluga es una especie fascinante y vital para los ecosistemas árticos.

### Viajeras del hielo flotante

Las belugas realizan *migraciones estacionales* entre áreas de alimentación en verano y áreas de invernada en invierno. Estas migraciones pueden cubrir cientos de kilómetros y están influidas por el avance y retroceso del hielo marino.

### Festín en las profundidades

Tienen una *dieta variada* de peces, calamares, crustáceos y gusanos marinos. Utilizan la *ecolocalización* para encontrar a sus presas en las oscuras aguas del Ártico. Pueden sumergirse hasta 700 m y permanecer bajo el agua durante unos 20 minutos.

Las belugas alcanzan la madurez sexual entre los 4 y 9 años. El periodo de gestación dura alrededor de 14 meses, tras lo cual la hembra da a luz a una sola cría. Las crías son amamantadas durante dos años y permanecen cerca de su madre durante varios años.

Son muy *sociales* y viven en grupos llamados *manadas*, que pueden variar desde unos pocos individuos hasta cientos. Se comunican mediante una serie de clics, silbidos y chirridos, lo que les ha valido el apodo de «*canarios del mar*».

### Abrigo natural

Poseen una *gruesa capa de grasa* que les proporciona aislamiento térmico en las frías aguas del Ártico y actúa como reserva de energía durante los periodos de escasez de alimentos.

Las belugas crecen hasta los 5,5 m de longitud y llegan a pesar alrededor de 1.600 kg. Su *piel blanca* les proporciona camuflaje en el hielo marino y refleja la luz solar, ayudando a regular su temperatura. A diferencia de otras ballenas, las belugas tienen un *cuello flexible* que les permite girar la cabeza en varias direcciones.

# Bacalao polar: pilar del ecosistema ártico

El bacalao polar *(Boreogadus saida)*, también llamado *pez ártico*, es uno de los más importantes del océano Ártico. Este pequeño pez es crucial en la cadena alimentaria, conectando el fitoplancton con los grandes depredadores del Ártico. Su capacidad para sobrevivir en condiciones extremas lo hace fascinante y esencial para la biodiversidad marina del Ártico.

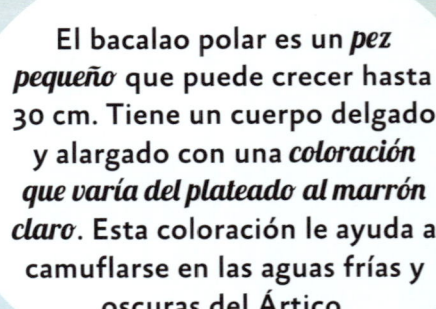

El bacalao polar es un *pez pequeño* que puede crecer hasta 30 cm. Tiene un cuerpo delgado y alargado con una *coloración que varía del plateado al marrón claro*. Esta coloración le ayuda a camuflarse en las aguas frías y oscuras del Ártico.

Se alimenta principalmente de *plancton, pequeños crustáceos* y *larvas de invertebrados*. Su dieta cambia según la disponibilidad de alimentos en diferentes épocas del año. Es capaz de alimentarse en aguas muy frías y oscuras, lo que le ayuda a sobrevivir durante el largo invierno ártico.

 **Escuelas bajo cero**

Se sabe poco sobre su comportamiento social, pero a menudo forman *grandes cardúmenes*, que son grupos de peces que nadan juntos. Esto les proporciona protección contra los depredadores y facilita la búsqueda de alimento.

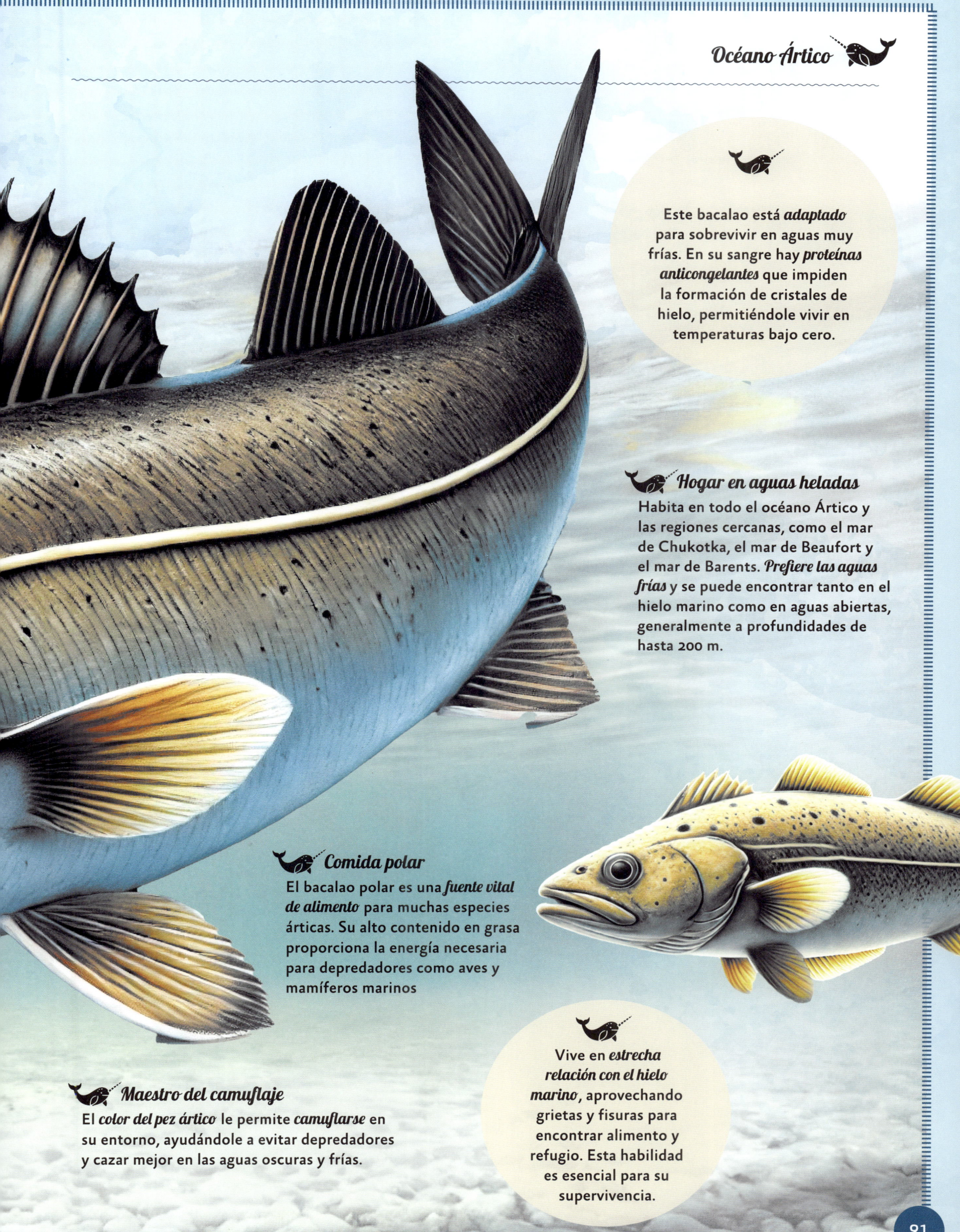

Este bacalao está *adaptado* para sobrevivir en aguas muy frías. En su sangre hay *proteínas anticongelantes* que impiden la formación de cristales de hielo, permitiéndole vivir en temperaturas bajo cero.

### Hogar en aguas heladas

Habita en todo el océano Ártico y las regiones cercanas, como el mar de Chukotka, el mar de Beaufort y el mar de Barents. *Prefiere las aguas frías* y se puede encontrar tanto en el hielo marino como en aguas abiertas, generalmente a profundidades de hasta 200 m.

### Comida polar

El bacalao polar es una *fuente vital de alimento* para muchas especies árticas. Su alto contenido en grasa proporciona la energía necesaria para depredadores como aves y mamíferos marinos

### Maestro del camuflaje

El *color del pez ártico* le permite *camuflarse* en su entorno, ayudándole a evitar depredadores y cazar mejor en las aguas oscuras y frías.

Vive en *estrecha relación con el hielo marino*, aprovechando grietas y fisuras para encontrar alimento y refugio. Esta habilidad es esencial para su supervivencia.

# Criaturas míticas del mar: leyendas y misterios

Desde tiempos inmemoriales, los mares han sido el escenario de innumerables *leyendas y mitos sobre criaturas fantásticas*. Estas historias han sido transmitidas a lo largo de generaciones, inspirando miedo y fascinación. Aunque no hay evidencia científica de su existencia, estos seres míticos siguen siendo parte importante del folklore marino y de la imaginación colectiva.

## Leviatán

Es un monstruo legendario mencionado en la Biblia y en la mitología de diversas culturas. A menudo se le representaba como una serpiente gigante o un dragón marino con escamas impenetrables, mandíbulas poderosas y un aliento ardiente que podía hacer hervir los mares. Se cree que las descripciones del Leviatán podrían estar inspiradas en animales reales como grandes serpientes marinas o ballenas.

## Selkies

Son personajes mitológicos de la tradición celta y escocesa. Según las leyendas, son focas que pueden quitarse la piel para transformarse en seres humanos. Las historias cuentan cómo las selkies a veces se enamoran de humanos y viven entre ellos, aunque siempre desean volver al mar.

## Kraken

Es un ser legendario de la mitología nórdica, descrito como un enorme monstruo marino con tentáculos que podía hundir a los barcos. Se decía que vivía cerca de las costas de Noruega y Groenlandia. Aunque es un ser imaginario, su descripción recuerda a los calamares gigantes, que también son enormes y habitan en las profundidades del mar.

## Jörmungander

Jörmungander, conocida como la serpiente de Midgard, es una figura de la mitología nórdica. Se dice que esta serpiente gigantesca rodea el mundo y habita en el mar. Según la leyenda, cuando Jörmungander se muerda la cola, se desatará el Ragnarök, la batalla final de los dioses y el fin del mundo. Esta historia refleja el temor y respeto de los antiguos nórdicos por las fuerzas naturales de los mares.